U0087674

按圖索驥

——無字的證明2

蔡宗佑———著 蔡聰明———審訂

三民書局

國家圖書館出版品預行編目資料

按圖索驥：無字的證明 2/蔡宗佑著;蔡聰明審訂.－－
初版一刷.－－臺北市：三民，2017
面；　公分.－－(鸚鵡螺數學叢書)

ISBN 978－957－14－6262－2　(平裝)
1.數學教育 2.中等教育

524.32　　　　　　　　　　　　　　　　105023804

© 按圖索驥
—— 無字的證明2

著 作 人	蔡宗佑
總 策 劃	蔡聰明
審 訂	蔡聰明
責任編輯	朱永捷
美術設計	吳柔語
發 行 人	劉振強
發 行 所	三民書局股份有限公司
	地址　臺北市復興北路386號
	電話　(02)25006600
	郵撥帳號　0009998-5
門 市 部	(復北店)臺北市復興北路386號
	(重南店)臺北市重慶南路一段61號
出版日期	初版一刷　2017年1月
編 號	S 317100

行政院新聞局登記證局版臺業字第○二○○號

有著作權‧不准侵害

ISBN　978-957-14-6262-2　（平裝）

http://www.sanmin.com.tw　三民網路書店
※本書如有缺頁、破損或裝訂錯誤，請寄回本公司更換。

《鸚鵡螺數學叢書》總序

本叢書是在三民書局董事長劉振強先生的授意下，由我主編，負責策劃、邀稿與審訂. 誠摯邀請關心臺灣數學教育的寫作高手，加入行列，共襄盛舉. 希望把它發展成具有公信力、有魅力並且有口碑的數學叢書，叫做「鸚鵡螺數學叢書」. 願為臺灣的數學教育略盡棉薄之力.

I 論題與題材

舉凡中小學的數學專題論述、教材與教法、數學科普、數學史、漢譯國外暢銷的數學普及書、數學小說，還有大學的數學論題：數學通識課的教材、微積分、線性代數、初等機率論、初等統計學、數學在物理學與生物學上的應用等等，皆在歡迎之列. 在劉先生全力支持下，相信工作必然愉快並且富有意義.

我們深切體認到，數學知識累積了數千年，內容多樣且豐富，浩瀚如汪洋大海，數學通人已難尋覓，一般人更難以親近數學. 因此每一代的人都必須從中選擇優秀的題材，重新書寫：注入新觀點、新意義、新連結. **從舊典籍中發現新思潮，讓知識和智慧與時俱進，給數學賦予新生命.** 本叢書希望聚焦於當今臺灣的數學教育所產生的問題與困境，以幫助年輕學子的學習與教師的教學.

從中小學到大學的數學課程，被選擇來當教育的題材，幾乎都是很古老的數學. 但是數學萬古常新，沒有新或舊的問題，只有寫得好或壞的問題. 兩千多年前，古希臘所證得的畢氏定理，在今日多元的光照下只會更加輝煌、更寬廣與精深. 自從古希臘的成功商人、第一位哲學家兼數學家泰利斯 (Thales) 首度提出兩個石破天驚的宣言：**數**

學要有證明，以及要用自然的原因來解釋自然現象（拋棄神話觀與超自然的原因）．從此，開啟了西方理性文明的發展，因而產生**數學、科學、哲學**與**民主**，幫助人類從農業時代走到工業時代，以至今日的電腦資訊文明．這是人類從野蠻蒙昧走向文明開化的歷史．

古希臘的數學結晶於歐幾里德 13 冊的《原本》(*The Elements*)，包括平面幾何、數論與立體幾何，加上阿波羅紐斯 (Apollonius)8 冊的《圓錐曲線論》，再加上阿基米德求面積、體積的偉大想法與巧妙計算，使得它幾乎悄悄地來到微積分的大門口．這些內容仍然是今日中學的數學題材．我們希望能夠學到大師的數學，也學到他們的高明觀點與思考方法．

目前中學的數學內容，除了上述題材之外，還有代數、解析幾何、向量幾何、排列與組合、最初步的機率與統計．對於這些題材，我們希望在本叢書都會有人寫專書來論述．

▌讀者對象

本叢書要提供豐富的、有趣的且有見解的數學好書，給小學生、中學生到大學生以及中學數學教師研讀．我們會把每一本書適用的讀者群，定位清楚．一般社會大眾也可以衡量自己的程度，選擇合適的書來閱讀．我們深信，**閱讀好書是提升與改變自己的絕佳方法**．

教科書有其客觀條件的侷限，不易寫得好，所以要有其他的數學讀物來補足．本叢書希望在寫作的自由度幾乎沒有限制之下，寫出各種層次的好書，讓想要進入數學的學子有好的道路可走．看看歐美日各國，無不有豐富的普通數學讀物可供選擇．這也是本叢書構想的發端之一．

學習的精華要義就是，**儘早學會自己獨立學習與思考的能力**．當這個能力建立後，學習才算是上軌道，步入坦途．可以隨時學習、終

身學習，達到「真積力久則入」的境界.

我們要指出：學習數學沒有捷徑，必須要花時間與精力，用大腦思考才會有所斬獲. 不勞而獲的事情，在數學中不曾發生. 找一本好書，靜下心來研讀與思考，才是學習數學最平實的方法.

III 鸚鵡螺的意象

本叢書採用鸚鵡螺 (Nautilus) 貝殼的剖面所呈現出來的奇妙螺線 (spiral) 為標誌 (logo)，這是基於數學史上我喜愛的一個數學典故，也是我對本叢書的期許.

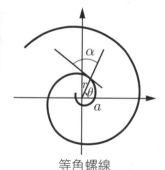

鸚鵡螺貝殼的剖面　　　　　等角螺線

鸚鵡螺貝殼的螺線相當迷人，它是等角的，即向徑與螺線的交角 α 恆為不變的常數 $(a \neq 0°, 90°)$，從而可以求出它的極坐標方程式為 $r = ae^{\theta \cot \alpha}$，所以它叫做**指數螺線**或**等角螺線**，也叫做**對數螺線**，因為取對數之後就變成阿基米德螺線. 這條曲線具有許多美妙的數學性質，例如自我形似 (self-similar)、生物成長的模式、飛蛾撲火的路徑、黃金分割以及費氏數列 (Fibonacci sequence) 等等都具有密切的關係，結合著數與形、代數與幾何、藝術與美學、建築與音樂，讓瑞士數學家白努利 (Bernoulli) 著迷，要求把它刻在他的基碑上，並且刻上一句拉丁文：

Eadem Mutata Resurgo

此句的英譯為：

Though changed, I arise again the same.

意指「雖然變化多端，但是我仍舊再度升起」. 這蘊含有「變化中的不變」之意，象徵規律、真與美.

　　鸚鵡螺來自海洋，海浪永不止息地拍打著海岸，啟示著恆心與毅力之重要. 最後，期盼本叢書如鸚鵡螺之「歷劫不變」，在變化中照樣升起，帶給你啟發的時光.

> 眼閉
> 從一顆鸚鵡螺
> 傾聽真理大海的
> 吟唱
>
> 靈開
> 從每一個瞬間
> 窺見當下無窮的
> 奧妙
>
> 了悟
> 從好書求理解
> 打開眼界且點燃
> 思想

蔡聰明

2012 歲末

推薦序一

宗佑老師的這本書:《按圖索驥——無字的證明 2》接續了上一本《按圖索驥——無字的證明》,擴充了可以用圖輔助證明的題目,這些題目都很有意思,也與高中的數學課程相關。

特別是本書的第六章是有關微積分的議題。我因此想到牛頓也是靠一個簡單的圖來證明微積分基本定理:

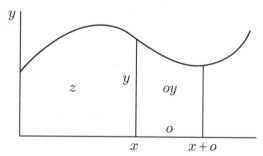

(見《古今數學思想》中譯本第二冊,69頁,上海科學技術出版社)

圖中的符號,o 是現行的 dx,oy 就是 ydx,在圖中等於 dz,因此 $\dfrac{dz}{dx} = y$,此即微積分基本定理。

圖形的輔助幫助釐清證明,是用眼觀數的喜悅。

臺大數學系教授

張海潮

2016 年 12 月

推薦序二

這是宗佑出版的第一本數學教學書「按圖索驥」的下冊——包含了第四、五、六章。我非常高興宗佑在百忙當中，能夠挑燈夜戰，把這本書寫完。也非常感謝有這個機會可以再寫一小段文字來恭賀這本書上下兩冊的完成。

這一本比上一本，在內容上難了許多。難的地方在於，這些主題逐漸脫離了我們從國中以來就比較熟悉而且具體的基礎幾何和基礎代數，以及還可推導的不等式概念，而進入了更加抽象的三角學、數列與級數、和極限與微積分等領域。

在進入需要抽象思考的概念的時候，學生愈需要視覺的輔導，尤其是在關鍵的概念轉換時刻。例如，三角學中，學生需要從較為熟悉的銳角三角形的角與邊的對應關係，轉換為以圓為中心概念的廣義角的角度與弦的對應概念。此時，學生需要對於圓內的三角函數中的正弦角 $(\sin\theta)$ 和餘弦角 $(\cos\theta)$ 以及其對應的邊的關係有一個重新的建構。例如，原來的 $a^2+b^2=c^2$ 的熟悉概念，會需要轉換到 $\sin^2\theta+\cos^2\theta=1$（假設圓的半徑為 1）。但是，這還只是第一步。接下來會發展出許多因為這個嶄新的定義而產生的各種新的關係。對於許多學生來說，這個概念的轉換，可能猶如從這個世界要轉換到另外一個世界。

根據我有時跟著實習老師到各個中學內觀課的觀察，許多中學老師會在這個概念（世界）轉換的時節，講解得相當快。會把這個轉換，當作是一個定義在講解。也就是說，把定義講完了，就可以進入計算了。但是，許多學生就會在這個「世界轉換」的節骨眼上卡關。因為

這個新的世界很抽象，很可能離他所在的具體環境有些遙遠，而他在奮力要用自己的心智去掌握與熟悉這個新世界時，手上所能夠依靠的工具或憑藉可能很稀少。

這本《按圖索驥——無字的證明 2》恰恰好就是要提供這樣的憑藉與依據，把這些對於高中生來說，相當抽象的概念，用圖的方式，有順序地，有脈絡地，一一地表徵出來。在老師或學生閱讀這本書的時候，可以反覆地對照與推敲，以達到不斷地思索與反芻的功效。最重要的是，宗佑依著他教學十年來的經驗，把這樣複雜的概念逐步拆解，依據學生可以理解的步驟推敲，然後依序建構。

希望透過這本書的介紹，老師同學們都有機會發展他對於這個數學新世界的了解。也能夠透過這套免費的自由軟體 Geogebra 的運用，在圖形與概念之間穿梭悠遊。

臺大師培中心教授

徐式寬

2016 年 12 月

自　序

萊茵巴哈 (H. Reichenbach) 曾將科學的學習歷程分為：**發現**及**驗證** (the context of discovery and the context of justification) 這兩個階段．人類不斷地透過觀察自然，體察事物，利用邏輯找出及發現可能的模式，再敘述及驗證之，達到分析、體認這自然世界，來說明、闡述自然哲理，更能運用這模式與能力做抽象思考以及解決所遇到的問題．

　　敝人感謝三民書局，特別是臺灣大學的蔡聰明教授，指導及幫忙審訂，並給了我這個機會向數學界，特別是國、高中生及奉獻給中學教育的前輩、老師們呈現這本作品，這是屬於理解數學證明的小品．在從事數學教學中，引導學生認識證明是進入數學思考中很紮實的一環，介紹：**直接證法**、**間接證法**和**數學歸納法**，利用文字敘述、符號表達、邏輯推演，都儘可能嚴謹地向學生呈現．敝人觀察出學生有多元的學習能力，透過眼到、心到、手到等等方式，找到屬於自己學習數學的竅門，不獨是運算式的堆疊，也需要繪製適當圖形作為輔助，更是數與形兩大數學學理根基的展現，於是在教學歷程累積下來，整理出這一本「按圖索驥」！

　　這本「按圖索驥」不論是對學養豐富的教師學者們，漸漸成熟的學生族群，或正在修習的初學者，都很適合參閱，在這本書中努力的方向是以「**多元化、具啟發性、具參考性、有記憶點**」這幾個要點做發揮，希望在傳統的論證架構之上，讓數學學習中加入多元的聯想力、富有創造性的思考力，雖不敢稱妙不可言、打破成規，但內心是希望可以另闢蹊徑，多走出一個方向，縱使路途雖遠，心仍嚮往之．

　　本書針對中學教材及科普知識中的主題，共有六章，分為兩冊：

第一冊有三章，第一章基礎幾何：畢氏定理、三角形面積、西瓦定理等等；第二章基礎代數：乘法公式、配方法等等；第三章不等式：四大平均不等式及應用、Jordan 不等式等等．第二冊也有三章，第四章三角學：正餘弦定理、和角公式、和差化積、正弦疊合等等；第五章數列與級數：連續整數和、三角數、費氏數列等等；第六章極限與微積分：分部積分、無窮等比級數和等等．

　　每一個主題皆以「起、承、轉、合」的方式繪製四個圖形，搭配顏色為運算邏輯上增添層次，讓讀者將四張圖細細閱讀時，有如親身經歷一般，輕鬆簡易地完成主題的論證；本書也提供同一個主題的多種證法，希望能帶給讀者更多元的啟發，能從中取得更多共鳴．

　　其次，敝人要感恩及感謝編寫這本書一路上朋友的鼓勵與幫忙，還有幾位不可多得的貴人．在求學時期就深深影響我，時刻地給我鼓勵與啟發的臺灣大學張海潮教授，教授時常勉勵：「**作為一個老師做學問不能越做越差，要時時精進，時時充實**」，這也是敝人家裡書桌上的箴言，藉此勉勵自己充實能力，更進一步．

　　臺灣大學蔡聰明教授，是敝人完成此書的最大動力與指引．在跟隨蔡教授學習的過程中，聽教授將舊典籍娓娓道來，卻富有新的靈感；把古今中外的數學知識及史料，開闊縱橫，融會貫通，不自覺嚮往之．蔡教授學識淵博，中學數學、科普知識及數學史料無不精通，成了此書最重要的動力來源，是踏實的請益對象，也是溫暖的師長長輩，更是在出版數學書籍道路上最為豐富且嚴謹的學者教授．

　　最後，敝人將此書呈現給各位讀者，希望能有所共鳴，雖有不足的地方，尚祈不吝指教．

蔡宗佑

2015 年 12 月

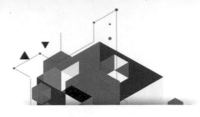

導　讀

《按圖索驥：無字的證明》分成上下兩冊，這是下冊，承襲上冊的風格與形式，採用圖說來呈現數學的結果，由圖形就可以看出並且證明一個公式或定理。上冊的內容有基礎幾何、基礎代數與不等式；下冊有三角學、數列與級數、極限與微積分；分別適用於國中與高中的讀者。

數學的求知活動，是先有**看出或猜出** (to see or to guess) 一個命題，然後才有**證明或否證** (to prove or to falsify)。這兩個步驟都不可或缺。證明就是展現從假設條件到結論的計算與邏輯推理過程，而否證則是提出**反例** (counter example) 或推導出一個**矛盾**，否定掉原先的命題。有了這整個過程，數學的探索才算完備。

一個數學命題有了證明，才能判斷其對或錯，才能理解。印度的天才數學家拉馬努金 (Ramanujan, 1887 – 1920) 經由數學家哈代 (Hardy, 1877 – 1947) 的邀請，到劍橋大學做研究，最大的困擾是，他的那些偉大公式都沒有證明。他認為那些都是直觀洞悟的真理，然而沒有證明，哈代就無法理解，也無法為他發表為論文。兩人的相遇堪稱數學史上的直觀與邏輯的磨合。詳情請觀賞〈天才無限家〉(The man who knew infinity) 這部絕佳的數學家電影。

無字的證明是透過圖解，將看出與證明 (to see and to prove) 同時完成，一次到位。作出一個圖，接著保持無言，就能心領神會，看出結果，得到"無上妙趣，了悟之樂"。這堪稱為簡潔的證明，像俳句一般，是數學家追求的目標。

一般而言，人的思考分成**邏輯式的思考**與**圖像式的思考**，分別是

左腦與右腦所展現的功能。有的人很極端，只偏向於兩端之一，而多數人大概是混合型。數學的證明也分成邏輯式與圖像式兩種，本書偏向於後者。

底下我們要對中學數學作個鳥瞰，它的題材不外是研究數與圖形，由此向上發展出方程式、函數與空間，這些恰好構成數學的主角。我們列成下表：

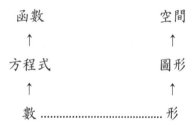

為什麼要學習這些論題呢？除了本身有趣之外，更重要的理由是，數學是研究大自然最有威力的工具。大自然把她的祕密以**數、圖形、方程式、函數**的形態藏在**空間**中，她不顯露，也不隱藏，但她會透露一些線索，我們要由線索，尋幽探徑，找出她的祕密。要有效做這件事，就要熟悉這些數學語言，了解它們的性質、規律與操作，掌握計算與證明。

在數的這一面，首先遇到的是小學的**算術**，內容有四則運算及其應用問題。到了國中，讓 x, y 噴出，開始學習第一個抽象的數學，那就是**代數**，發展出式子 $f(x)$，方程式 $f(x) = 0$，以及函數 $y = f(x)$。

在圖形的這一面，發展出幾何學，研究圖形與空間的性質與規律。隨著研究方法的進展，產生各種幾何。最早是歐幾里得 (Euclid) 的**歐氏幾何**，採用公理演繹法，使得處處可以講究證明。幾何學發源於埃及尼羅河畔的測量土地，其次是三角學，它的本意是測量三角形，這是更特殊的測量土地，所以早期的三角學被視為幾何學的幫傭。經過約兩千年後，笛卡兒與費瑪引入坐標系（17 世紀），才誕生**坐標幾何**

（又叫做**解析幾何**），圓錐曲線是其應用大宗。再過約兩百年引入向量概念與向量的代數演算，產生了**向量幾何**。

數缺形少直覺，形缺數難入微。解析幾何的用意就是要溝通數與形，**系統地把代數方程式圖解為幾何圖形**，反過來把幾何圖形表現為代數方程式，達到數形合一的境界。向量幾何進一步把幾何學完全向量代數化，使得透過計算就可以掌握幾何。當初埃及的托勒密國王跟隨歐幾里得學習幾何學，感覺幾何學很困難，於是問道：學習幾何有沒有捷徑？歐氏回答說：通往幾何並沒有皇家大道 (There is no royal road to geometry.)。等到坐標與向量幾何出現後，數學家才意識到這就是幾何學的皇家大道。

在這些基礎數學之上，高中數學又增加了排列與組合以及初步的**機率論**與**統計學**，用來處理隨機現象與解讀統計數據的意義。統計學包括有單變量的記述統計 (Descriptive Statistics)、兩變量的迴歸分析 (Regression Analysis) 以及區間推估 (interval estimation)，信賴區間與信心水準。

最後引進一點兒**微積分**與**線性代數**，作為中學基礎數學的總驗收。函數是微積分的主角，對函數作微分、作積分。當然高中僅限於講述極限概念與多項函數的微積分。線性代數講了初步的線性方程組、矩陣與行列式。這些都是為了銜接大學數學課程所作的預備。

最後我們要來回答常被問及的一個問題：在日常生活中用不到高中所學的數學（如 sin、cos），為何要學習它們呢？我們回答於此。數學大致有四個層面：

1. 日常生活的實際應用。
2. 訓練思考，包括計算、邏輯推理、條理清晰、層次井然。
3. 知識結構本身的嚴謹與完美，作為真理的典範（為真理而真理）。
4. 探索宇宙、大自然與生命的奧祕，數學是不可或缺的最佳語言。

　　一般人所見的數學僅止於第 1 層面，這是最淺顯的部分。能夠同時見到第 1 與第 2 層面者已屬不錯。事實上，第 3 與第 4 層面才是如藝術般真正讓數學家與物理學家著迷於數學的所在。如果僅著眼於生活實用，那麼根本不必學數學，頂多學習小學算術的四則運算就夠了。我們觀察人類長遠的歷史，絕大多數人都沒有受過教育，但是生活也過得好好的，處理日常生活的計算，完全沒有問題，因為這簡直就是良知良能。

　　絕大多數人不以數學為生涯的工具，怎樣才是面對數學的健康態度呢？一個可欲的目標是培養良好的心智運作：

　　　a.對數學美的欣賞，

　　　b.養成深刻思考的習慣，

　　　c.鍛鍊邏輯推理的能力。

這些是心智內功的錘鍊，不論將來從事甚麼行業，都需要這些能力。數學教育若一味強調生活實用，就會失去數學最驚心動魄的一面。我們要指出：唯用是尚，則所及不深，所見不遠，追求真理才是最終極的實用。

　　要成為一位優秀的數學教師，必要條件是：對於所教的東西要先有感動，然後還要有熱情與技巧把這個感動傳達給學生。若缺少這個感動，修習再多的教育課程與教學方法都無濟於事。

　　蔡宗佑這本書以比教科書更有趣的方式來呈現數學，願它對當前問題叢生的數學教育有所幫助與啟發。

蔡聰明

2016 年 12 月

按圖索驥
——無字的證明 2

CONTENTS

C4 三角學

C5 數列與級數

C6　極限與微積分

$C4$ 三角學

4-01 平方關係

$$\sin^2\theta + \cos^2\theta = 1, \ \tan^2\theta + 1 = \sec^2\theta, \ 1 + \cot^2\theta = \csc^2\theta$$

以 θ 銳角為例，並利用畢氏定理

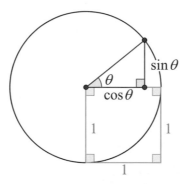

$$\sin^2\theta + \cos^2\theta = 1$$

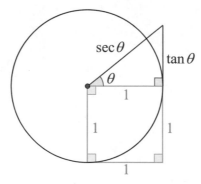

$$\tan^2\theta + 1 = \sec^2\theta$$

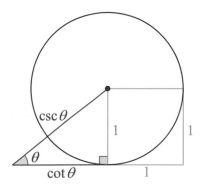

$$1 + \cot^2\theta = \csc^2\theta$$

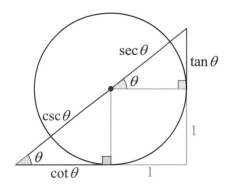

$$(1 + \tan\theta)^2 + (1 + \cot\theta)^2 = (\sec\theta + \csc\theta)^2$$

4-02 正弦定律 (Law of Sine)

 $\triangle ABC$ 三邊長分別為 a, b, c，則

$$\frac{a}{\sin A} = \frac{b}{\sin B} = \frac{c}{\sin C} = 2R$$

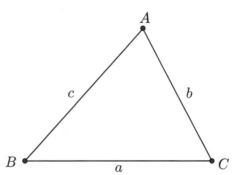

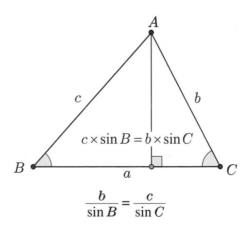

$$c \times \sin B = b \times \sin C$$

$$\frac{b}{\sin B} = \frac{c}{\sin C}$$

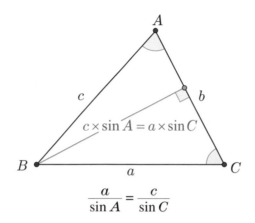

$$\frac{a}{\sin A} = \frac{c}{\sin C}$$

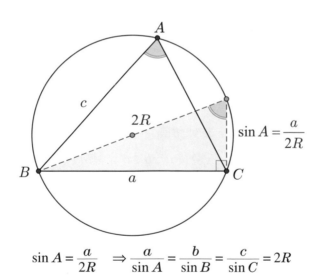

$$\sin A = \frac{a}{2R} \quad \Rightarrow \quad \frac{a}{\sin A} = \frac{b}{\sin B} = \frac{c}{\sin C} = 2R$$

4-03 正弦定律 (Law of Sine)

△ABC 三邊長分別為 a, b, c，則

$$\frac{a}{\sin A} = \frac{b}{\sin B} = \frac{c}{\sin C} = 2R$$

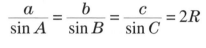

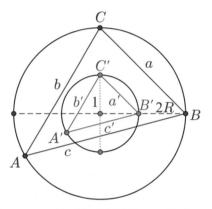

△ABC 三邊長 a, b, c 其外接圓直徑 $2R$ 且 △$ABC \sim$ △$A'B'C'$

其中 △$A'B'C'$ 三邊長 a', b', c'，其外接圓直徑 1

顯然 $\dfrac{a}{a'} = \dfrac{b}{b'} = \dfrac{c}{c'} = 2R$，$\angle A = \angle A'$，$\angle B = \angle B'$，$\angle C = \angle C'$

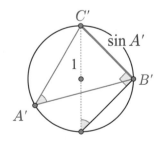

在 △$A'B'C'$ 中，$a' = \sin A'$

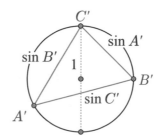

同理 $b' = \sin B'$, $c' = \sin C'$

$$\frac{a'}{\sin A'} = \frac{b'}{\sin B'} = \frac{c'}{\sin C'} = 1$$

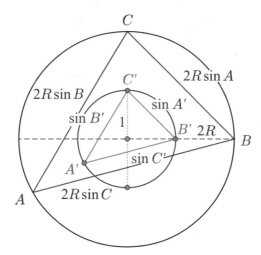

在 $\triangle ABC$ 中，$\dfrac{a}{\sin A} = \dfrac{b}{\sin B} = \dfrac{c}{\sin C} = 2R$

4-04 餘弦定律 (Law of Cosine)

$\triangle ABC$ 三邊長分別為 $a,\ b,\ c$，則

$$c^2 = a^2 + b^2 - 2ab\cos C \ \text{或} \ \cos C = \frac{a^2 + b^2 - c^2}{2ab}$$

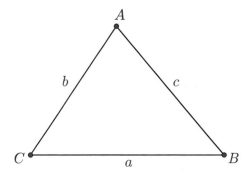

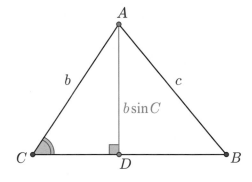

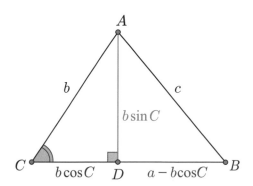

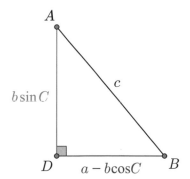

$$c^2 = (b \sin C)^2 + (a - b \cos C)^2 = a^2 + b^2(\sin^2 C + \cos^2 C) - 2ab \cos C$$

$$\Rightarrow c^2 = a^2 + b^2 - 2ab \cos C$$

4-05 餘弦定律 (Law of Cosine)

△ABC 三邊長分別為 a, b, c，則

$$c^2 = a^2 + b^2 - 2ab\cos C \text{ 或 } \cos C = \frac{a^2 + b^2 - c^2}{2ab}$$

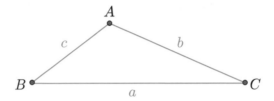

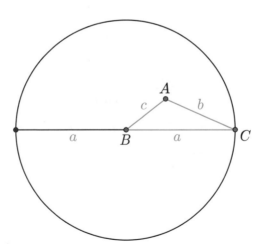

以 B 為圓心，a 為半徑畫圓

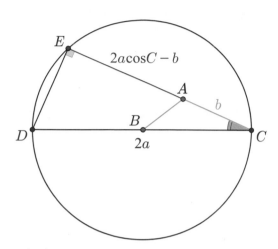

延伸 $\overleftrightarrow{AC}$ 交圓周於 E，則 $\triangle CDE$ 為直角三角形

且 $\overline{AE} = 2a\cos C - b$

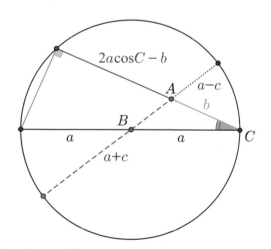

由圓內冪性質：$b(2a\cos C - b) = (a - c)(a + c)$

$$2ab\cos C - b^2 = a^2 - c^2$$

$$c^2 = a^2 + b^2 - 2ab\cos C$$

4-06 畢氏定理（另證）

在直角三角形中，兩股 a, b，斜邊為 c，則

$$c^2 = a^2 + b^2$$

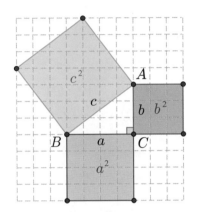

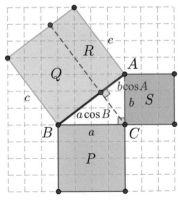

$$P = a^2, \ S = b^2, \ Q + R = c^2$$

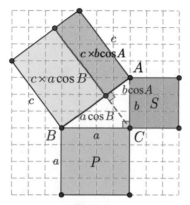

$$Q = c \times a \cos B, \ R = c \times b \cos A$$

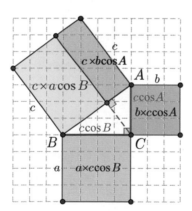

$$P = ac \cos B = Q \ \text{且} \ S = bc \cos A = R$$

$$\text{又} \ P = a^2, \ S = b^2, \ Q + R = c^2 \quad \text{故} \ c^2 = a^2 + b^2$$

4-07 餘弦定律 (Law of Cosine)

$$\triangle ABC \text{ 對邊長分別為 } a, b, c, \quad \text{則}$$

$$\cos C = \frac{a^2 + b^2 - c^2}{2ab} \quad \text{或} \quad c^2 = a^2 + b^2 - 2ab\cos C$$

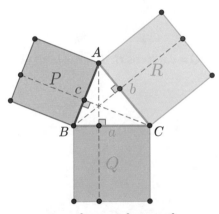

$$P = c^2, \ Q = a^2, \ R = b^2$$

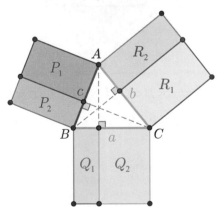

作三高的延伸線, $P = P_1 + P_2, \ Q = Q_1 + Q_2, \ R = R_1 + R_2$

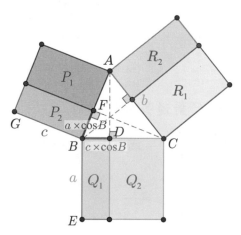

$$\because \overline{BD} = c \times \cos B \;\text{且}\; \overline{BE} = a, \;\; \therefore Q_1 = ac \times \cos B$$

$$\because \overline{BF} = a \times \cos B \;\text{且}\; \overline{BG} = c, \;\; \therefore P_2 = ac \times \cos B \;\; \Rightarrow Q_1 = P_2$$

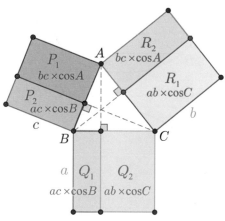

$$Q_1 = ac \times \cos B = P_2, \;\text{同理}\; P_1 = bc \times \cos A = R_2, \; R_1 = ab \times \cos C = Q_2$$

$$P = c^2 = P_1 + P_2 = R_2 + Q_1 = (R - R_1) + (Q - Q_2)$$

$$= (b^2 - ab\cos C) + (a^2 - ab\cos C)$$

$$\Rightarrow c^2 = a^2 + b^2 - 2ab\cos C$$

4-08 由托勒密定理推導餘弦定律

$\triangle ABC$ 對邊長分別為 a, b, c，則

$$\cos C = \frac{a^2 + b^2 - c^2}{2ab} \text{ 或 } c^2 = a^2 + b^2 - 2ab\cos C$$

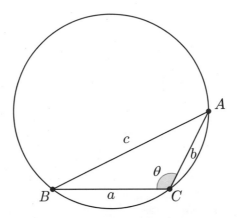

$\triangle ABC$ 之外接圓，$\angle C = \theta$

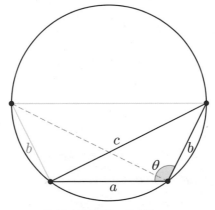

作等腰梯形，腰長 $= b$

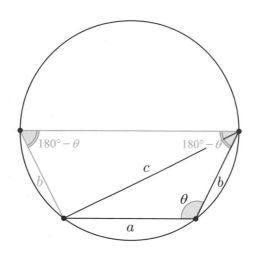

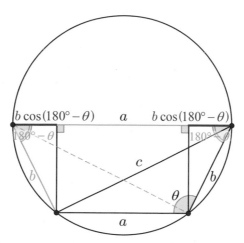

由托勒密定理：圓內接四邊形之對角線乘積 = 對邊長乘積和

知 $c^2 = b^2 + a[a + 2b\cos(180° - \theta)] = a^2 + b^2 - 2ab\cos\theta$

$\Rightarrow c^2 = a^2 + b^2 - 2ab\cos C$

4-09 正餘弦定律之複數證法

正弦定律：$\dfrac{a}{\sin\alpha}=\dfrac{b}{\sin\beta}=\dfrac{c}{\sin\gamma}=2R$

餘弦定律：$c^2=a^2+b^2-2ab\cos\gamma$

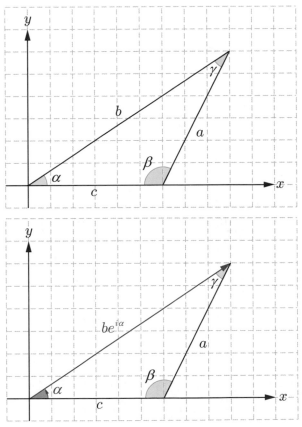

向量為 $be^{i\alpha}$

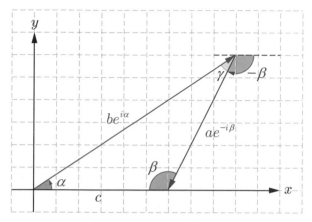

向量為 $ae^{-i\beta}$

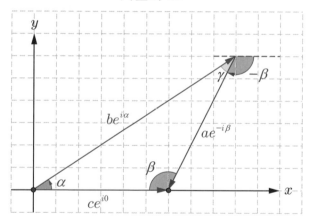

$$ce^{i0} = be^{i\alpha} + ae^{-i\beta} = (b\cos\alpha + bi\sin\alpha) + (a\cos\beta - ai\sin\beta)$$

$$c = c + 0i = (b\cos\alpha + a\cos\beta) + i(b\sin\alpha - a\sin\beta)$$

其中 $b\sin\alpha - a\sin\beta = 0 \Rightarrow \dfrac{a}{\sin\alpha} = \dfrac{b}{\sin\beta}$，同理 $\dfrac{b}{\sin\beta} = \dfrac{c}{\sin\gamma}$

$$c^2 = |c + 0i|^2 = (b\cos\alpha + a\cos\beta)^2 + (b\sin\alpha - a\sin\beta)^2$$

$$= a^2 + b^2 + 2ab\cos(\alpha + \beta) = a^2 + b^2 - 2ab\cos\gamma$$

4-10 正弦和角公式

$$\sin(\alpha + \beta) = \sin\alpha\cos\beta + \sin\beta\cos\alpha$$

以 $0° < \alpha + \beta < 180°$ 為例

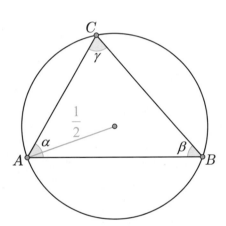

作一三角形其外接圓半徑為 $\dfrac{1}{2}$，內角分別為 α, β, γ

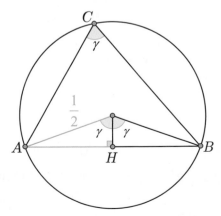

$\overline{AH} = \dfrac{1}{2}\sin\gamma \quad \Rightarrow \overline{AB} = \sin\gamma$，同理 $\overline{BC} = \sin\alpha$，$\overline{AC} = \sin\beta$

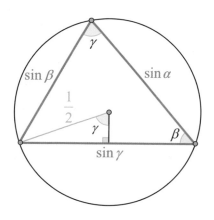

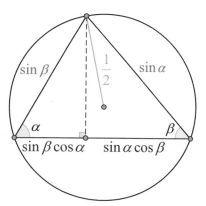

$$\sin \gamma = \sin[180° - (\alpha + \beta)] = \sin(\alpha + \beta) = \sin \alpha \cos \beta + \sin \beta \cos \alpha$$

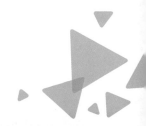

4-11 正弦和角公式

$$\sin(\alpha + \beta) = \sin\alpha\cos\beta + \sin\beta\cos\alpha$$

以 $0° < \alpha + \beta < 180°$ 為例

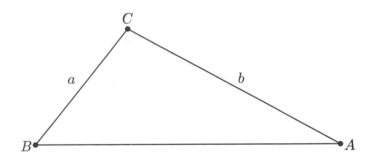

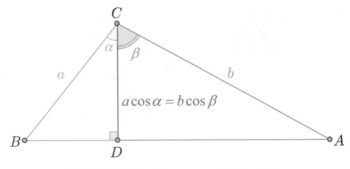

作 $\overline{CD} \perp \overline{AB}$，將 $\angle ACB$ 分為 α 與 β

且 $\overline{CD} = a\cos\alpha = b\cos\beta$

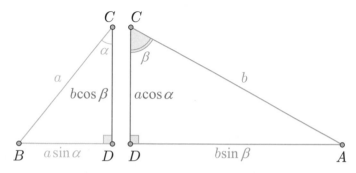

左邊面積 $= \dfrac{1}{2}ab\cos\beta\sin\alpha$ 右邊面積 $= \dfrac{1}{2}ba\cos\alpha\sin\beta$

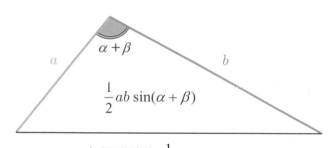

全部面積為 $\dfrac{1}{2}ab\sin(\alpha+\beta)$

$$\frac{1}{2}ab\sin(\alpha+\beta) = \frac{1}{2}ab\sin\alpha\cos\beta + \frac{1}{2}ab\sin\beta\cos\alpha$$

$$\sin(\alpha+\beta) = \sin\alpha\cos\beta + \sin\beta\cos\alpha$$

4-12 餘弦和角公式

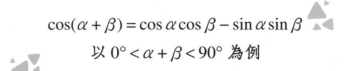

$$\cos(\alpha + \beta) = \cos\alpha\cos\beta - \sin\alpha\sin\beta$$

以 $0° < \alpha + \beta < 90°$ 為例

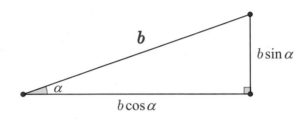

$b\sin\alpha$

$b\cos\alpha$

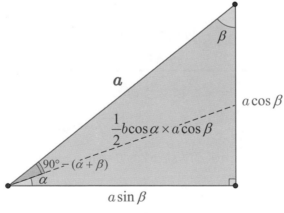

β

a

$a\cos\beta$

$\dfrac{1}{2}b\cos\alpha \times a\cos\beta$

$90° - (\alpha + \beta)$

α

$a\sin\beta$

全部三角形面積 $= \dfrac{1}{2}b\cos\alpha \times a\cos\beta$

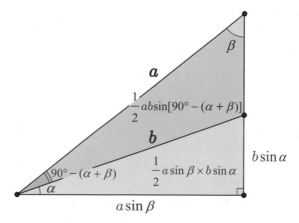

$$上三角形面積 = \frac{1}{2}ab\sin[90° - (\alpha + \beta)] = \frac{1}{2}ab\cos(\alpha + \beta)$$

$$下三角形面積 = \frac{1}{2}a\sin\beta \times b\sin\alpha$$

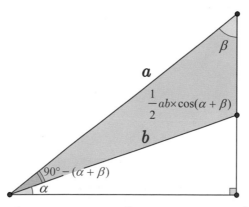

$$上三角形面積 = \frac{1}{2}ab\cos(\alpha + \beta) = \frac{1}{2}b\cos\alpha \cdot a\cos\beta - \frac{1}{2}a\sin\beta \cdot b\sin\alpha$$

$$\cos(\alpha + \beta) = \cos\alpha\cos\beta - \sin\alpha\sin\beta$$

4-13 正弦差角公式

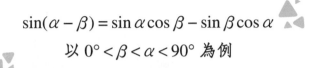

$$\sin(\alpha - \beta) = \sin\alpha\cos\beta - \sin\beta\cos\alpha$$

以 $0° < \beta < \alpha < 90°$ 為例

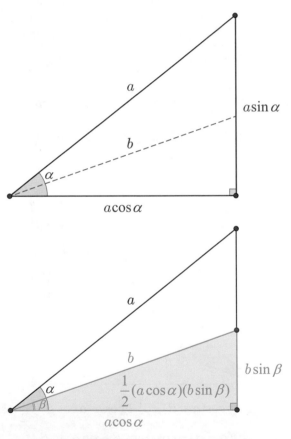

下三角形面積 $= \dfrac{1}{2}a\cos\alpha\, b\sin\beta$

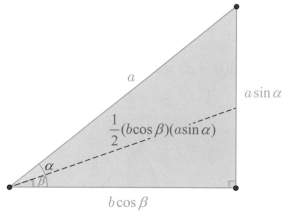

$$全部三角形面積 = \frac{1}{2}b\cos\beta\, a\sin\alpha$$

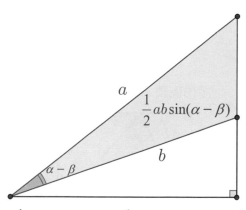

$$上三角形面積 = \frac{1}{2}ab\sin(\alpha - \beta) = \frac{1}{2}b\cos\beta \cdot a\sin\alpha - \frac{1}{2}a\cos\alpha \cdot b\sin\beta$$

$$\sin(\alpha - \beta) = \sin\alpha\cos\beta - \sin\beta\cos\alpha$$

4-14 正弦和角公式

$$\sin(\alpha + \beta) = \sin \alpha \cos \beta + \sin \beta \cos \alpha$$

以 $0° < \alpha + \beta < 180°$ 為例

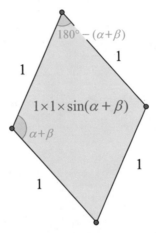

$180° - (\alpha+\beta)$

$1 \times 1 \times \sin(\alpha + \beta)$

$\alpha+\beta$

菱形面積 $= 1 \times 1 \times \sin(\alpha + \beta)$

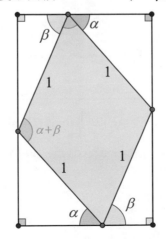

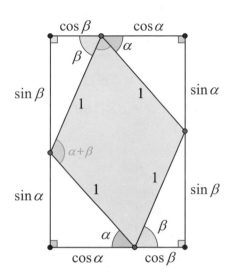

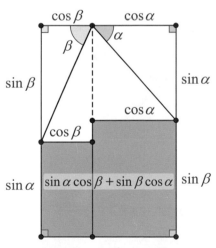

菱形面積 = 兩塊矩形面積和

$$\sin(\alpha + \beta) = \sin\alpha\cos\beta + \sin\beta\cos\alpha$$

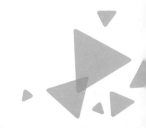

4-15 正弦和角公式

$$\sin(\alpha + \beta) = \sin\alpha\cos\beta + \sin\beta\cos\alpha$$

以 $0° < \alpha + \beta < 180°$ 為例

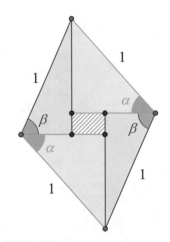

菱形面積 $= 1 \times 1 \times \sin(\alpha + \beta)$

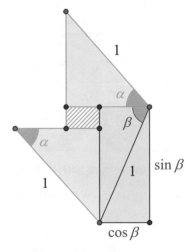

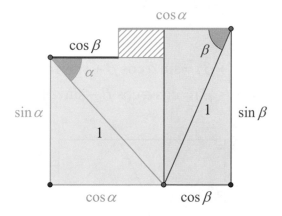

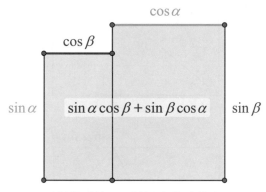

菱形面積 = 兩塊矩形面積和

$$\sin(\alpha + \beta) = \sin\alpha\cos\beta + \sin\beta\cos\alpha$$

4-16 正餘弦和角公式

$$\sin(\alpha + \beta) = \sin\alpha\cos\beta + \sin\beta\cos\alpha$$

$$\cos(\alpha + \beta) = \cos\alpha\cos\beta - \sin\alpha\sin\beta$$

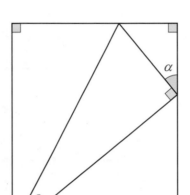

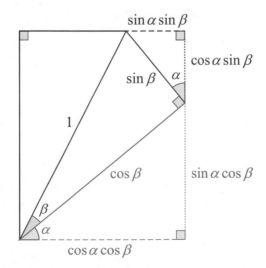

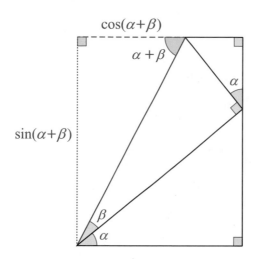

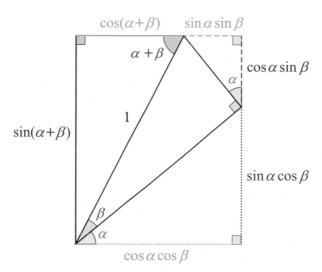

長方形之長：$\cos(\alpha + \beta) + \sin \alpha \sin \beta = \cos \alpha \cos \beta$

長方形之寬：$\sin(\alpha + \beta) = \sin \alpha \cos \beta + \sin \beta \cos \alpha$

4-17 正餘弦差角公式

$$\sin(\alpha - \beta) = \sin\alpha\cos\beta - \sin\beta\cos\alpha$$

$$\cos(\alpha - \beta) = \cos\alpha\cos\beta + \sin\alpha\sin\beta$$

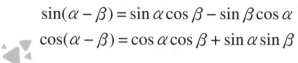

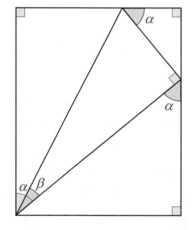

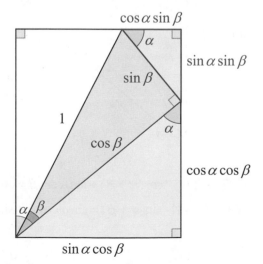

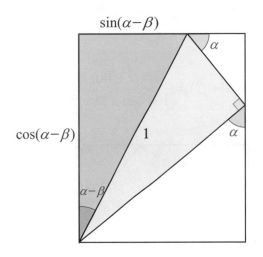

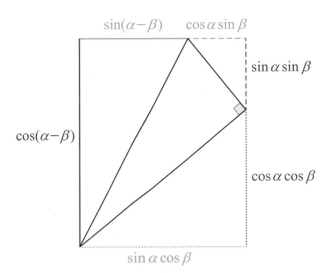

長方形之長：$\sin(\alpha-\beta)+\cos\alpha\sin\beta=\sin\alpha\cos\beta$

長方形之寬：$\cos(\alpha-\beta)=\cos\alpha\cos\beta+\sin\alpha\sin\beta$

4-18 正切和角公式

$$\tan(\alpha + \beta) = \frac{\tan\alpha + \tan\beta}{1 - \tan\alpha\tan\beta}$$

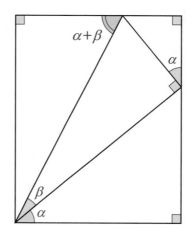

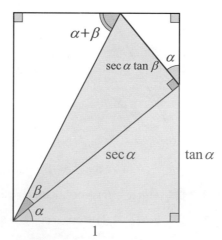

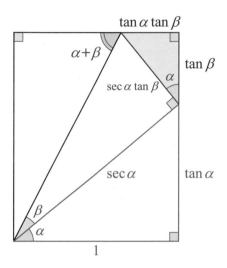

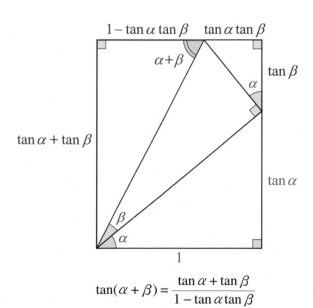

$$\tan(\alpha + \beta) = \frac{\tan \alpha + \tan \beta}{1 - \tan \alpha \tan \beta}$$

4-19 正切差角公式

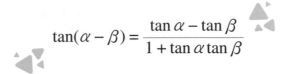

$$\tan(\alpha - \beta) = \frac{\tan\alpha - \tan\beta}{1 + \tan\alpha\tan\beta}$$

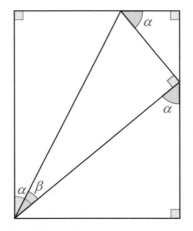

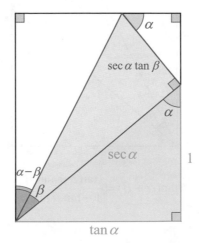

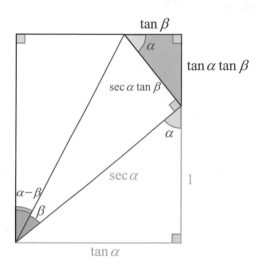

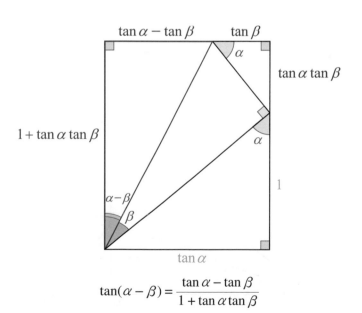

$$\tan(\alpha - \beta) = \frac{\tan \alpha - \tan \beta}{1 + \tan \alpha \tan \beta}$$

4-20 正切差角公式

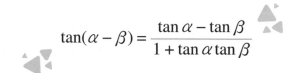

$$\tan(\alpha - \beta) = \frac{\tan\alpha - \tan\beta}{1 + \tan\alpha\tan\beta}$$

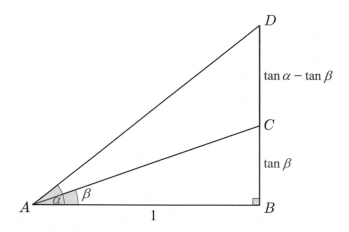

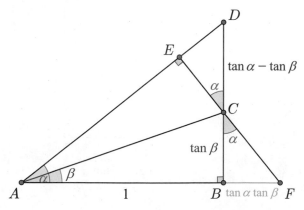

過 C 作 $\overline{CE} \perp \overline{AD}$ 交 $\overline{AD}$ 於 E，交 $\overleftrightarrow{AB}$ 於 F

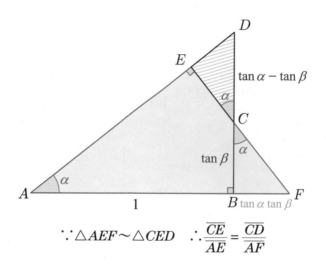

$$\because \triangle AEF \sim \triangle CED \quad \therefore \frac{\overline{CE}}{\overline{AE}} = \frac{\overline{CD}}{\overline{AF}}$$

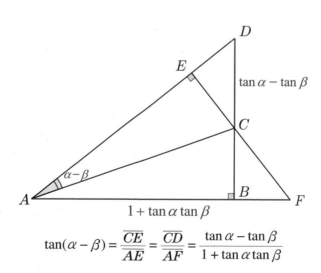

$$\tan(\alpha - \beta) = \frac{\overline{CE}}{\overline{AE}} = \frac{\overline{CD}}{\overline{AF}} = \frac{\tan\alpha - \tan\beta}{1 + \tan\alpha\tan\beta}$$

4-21 正切差角公式

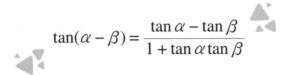

$$\tan(\alpha - \beta) = \frac{\tan \alpha - \tan \beta}{1 + \tan \alpha \tan \beta}$$

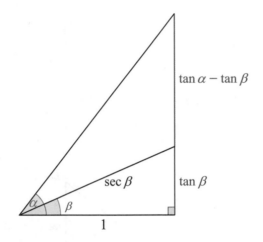

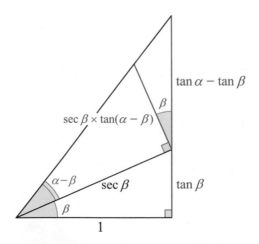

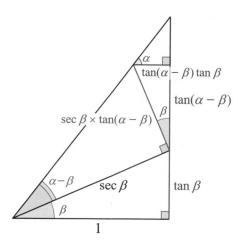

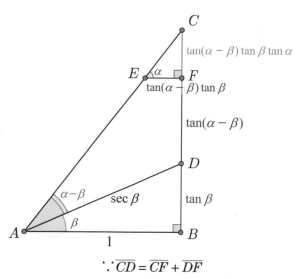

$$\because \overline{CD} = \overline{CF} + \overline{DF}$$

$$\therefore \tan\alpha - \tan\beta = \tan(\alpha - \beta)\tan\beta\tan\alpha + \tan(\alpha - \beta)$$

$$\tan(\alpha - \beta) = \frac{\tan\alpha - \tan\beta}{1 + \tan\alpha\tan\beta}$$

4-22 正弦二倍角公式

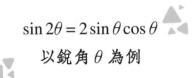

$$\sin 2\theta = 2\sin\theta\cos\theta$$

以銳角 θ 為例

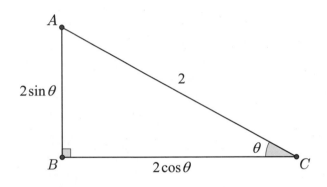

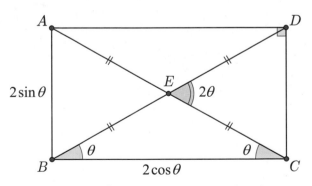

取 $\overline{AC}$ 中點 E，連 $\overline{BE}$，並在 $\overleftrightarrow{BE}$ 取另一點 D，使得 $\overline{AD} \perp \overline{CD}$

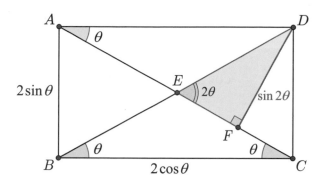

過 D 作 $\overline{DF} \perp \overline{CE}$，則在直角 $\triangle DEF$ 中，$\overline{DF} = \sin 2\theta$

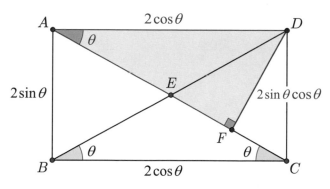

在直角 $\triangle ADF$ 中，$\overline{DF} = 2\sin\theta\cos\theta$

4-23 餘弦二倍角公式

$$\cos 2\theta = 2\cos^2 \theta - 1$$

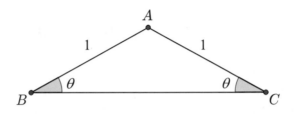

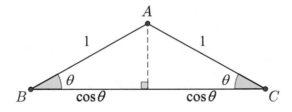

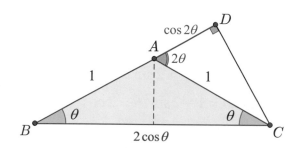

過 C 作 $\overline{CD} \perp \overleftrightarrow{AB}$ 並交 $\overleftrightarrow{AB}$ 於 D，則 $\angle CAD = 2\theta$，$\overline{AD} = \cos 2\theta$

$$\Rightarrow \overline{BD} = 1 + \cos 2\theta$$

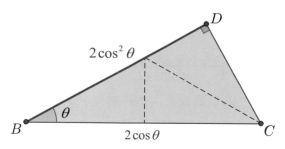

在直角 $\triangle BCD$ 中，$\overline{BD} = 2\cos^2\theta$

$$\therefore 1 + \cos 2\theta = 2\cos^2\theta$$

$$\Rightarrow \cos 2\theta = 2\cos^2\theta - 1$$

4-24 正餘弦二倍角公式

$$\sin 2\theta = 2\sin\theta\cos\theta$$

$$\cos 2\theta = 1 - 2\sin^2\theta = 2\cos^2\theta - 1$$

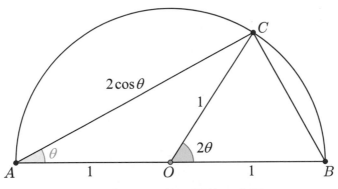

以 O 為圓心，作一單位上半圓

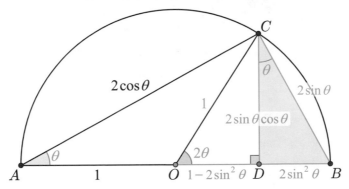

作 $\overline{CD} \perp \overline{AB}$，則在直角 $\triangle ACD$ 中，$\overline{CD} = 2\cos\theta\sin\theta$

並有直角 $\triangle ACD \sim$ 直角 $\triangle BCD$

則在直角 $\triangle BCD$ 中，$\overline{BC} = 2\sin\theta$，$\overline{BD} = 2\sin^2\theta$

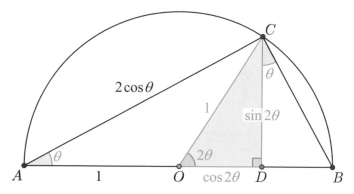

在直角 $\triangle OCD$ 中，$\overline{CD} = \sin 2\theta$，$\overline{OD} = \cos 2\theta$

$$\Rightarrow \sin 2\theta = 2\sin\theta\cos\theta$$

且 $\cos 2\theta = 1 - 2\sin^2\theta$

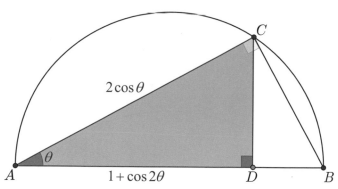

$\because \triangle ABC \sim \triangle ACD$，$\therefore \dfrac{\overline{AB}}{\overline{AC}} = \dfrac{\overline{AC}}{\overline{AD}}$ $\Rightarrow \dfrac{2}{2\cos\theta} = \dfrac{2\cos\theta}{1 + \cos 2\theta}$

$$\Rightarrow \cos 2\theta = 2\cos^2\theta - 1$$

4-25 正切半角公式

$$\tan\frac{\theta}{2} = \frac{\sin\theta}{1+\cos\theta} = \frac{1-\cos\theta}{\sin\theta}$$

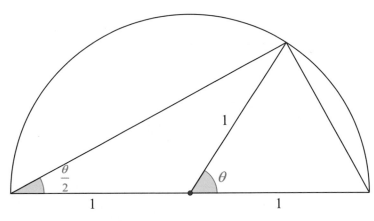

作上半圓

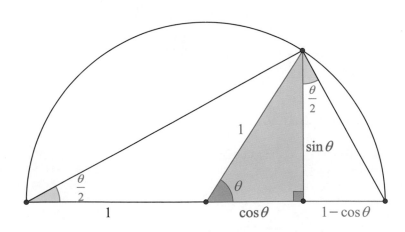

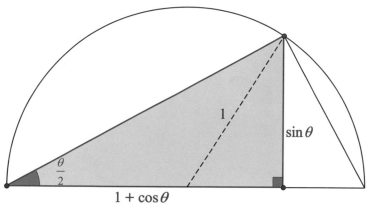

$$\tan \frac{\theta}{2} = \frac{\sin \theta}{1 + \cos \theta}$$

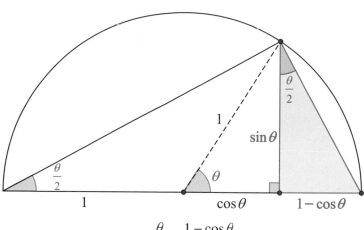

$$\tan \frac{\theta}{2} = \frac{1 - \cos \theta}{\sin \theta}$$

4-26 以正切值表達二倍角公式

$$\sin 2\theta = \frac{2\tan\theta}{1+\tan^2\theta}, \ \cos 2\theta = \frac{1-\tan^2\theta}{1+\tan^2\theta}, \ \tan 2\theta = \frac{2\tan\theta}{1-\tan^2\theta}$$

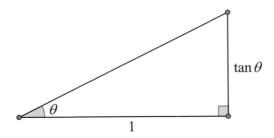

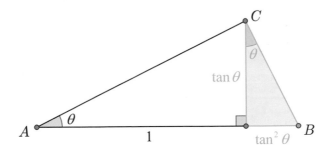

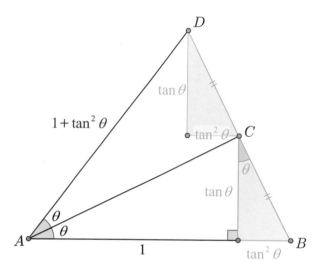

延伸 $\overleftrightarrow{BC}$，並取 $\overline{CD} = \overline{BC}$，連 $\overline{AD}$

則 $\overline{AD} = 1 + \tan^2\theta$

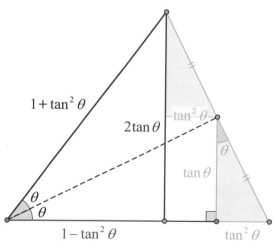

$$\sin 2\theta = \frac{2\tan\theta}{1 + \tan^2\theta}, \ \cos 2\theta = \frac{1 - \tan^2\theta}{1 + \tan^2\theta}, \ \tan 2\theta = \frac{2\tan\theta}{1 - \tan^2\theta}$$

4-27 正切三倍角公式

 $\tan 3\theta = \tan \theta + 2\sin \theta \sec 3\theta$

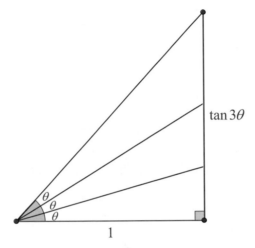

$\tan 3\theta$

1

直角三角形之底為 1，高 $= \tan 3\theta$

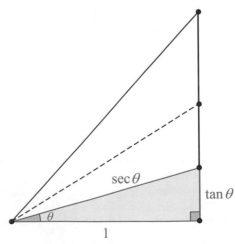

$\sec \theta$

$\tan \theta$

1

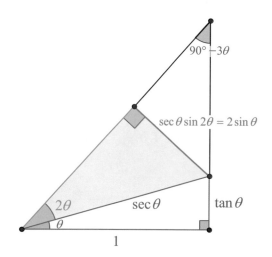

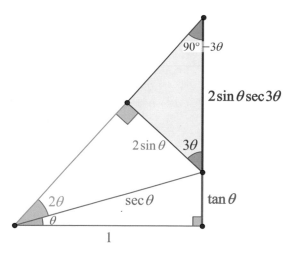

$$高 = \tan\theta + 2\sin\theta\sec 3\theta$$
$$\Rightarrow \tan 3\theta = \tan\theta + 2\sin\theta\sec 3\theta$$

4-28 正弦疊合

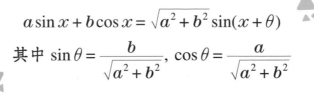

$$a\sin x + b\cos x = \sqrt{a^2+b^2}\,\sin(x+\theta)$$

$$其中\ \sin\theta = \frac{b}{\sqrt{a^2+b^2}},\ \cos\theta = \frac{a}{\sqrt{a^2+b^2}}$$

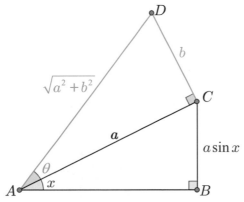

直角 $\triangle ACD$ 兩股 a, b, 斜邊 $\sqrt{a^2+b^2}$, $\sin\theta = \dfrac{b}{\sqrt{a^2+b^2}}$, $\cos\theta = \dfrac{a}{\sqrt{a^2+b^2}}$

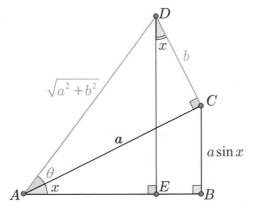

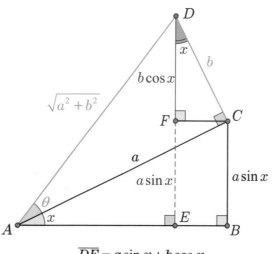

$$\overline{DE} = a\sin x + b\cos x$$

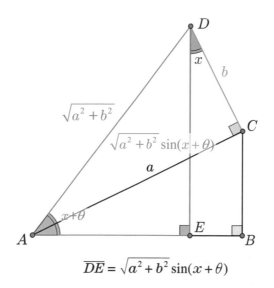

$$\overline{DE} = \sqrt{a^2 + b^2}\,\sin(x + \theta)$$

4-29 正弦疊合

$$a \sin x + b \cos x = \sqrt{a^2 + b^2} \sin(x + \theta)$$

其中 $\sin \theta = \dfrac{b}{\sqrt{a^2 + b^2}}$, $\cos \theta = \dfrac{a}{\sqrt{a^2 + b^2}}$

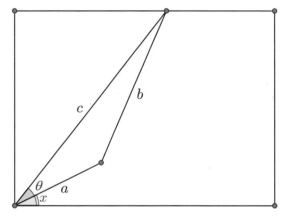

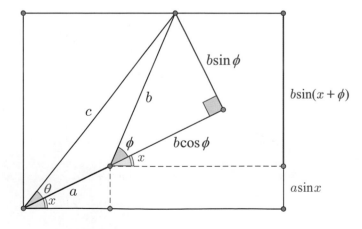

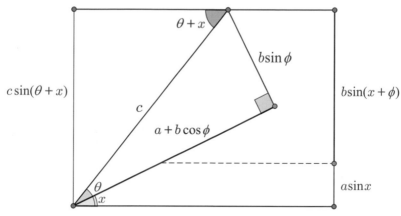

$$c = \sqrt{(a + b\cos\phi)^2 + (b\sin\phi)^2} = \sqrt{a^2 + b^2 + 2ab\cos\phi} \quad \text{且 } \tan\theta = \frac{b\sin\phi}{a + b\cos\phi}$$

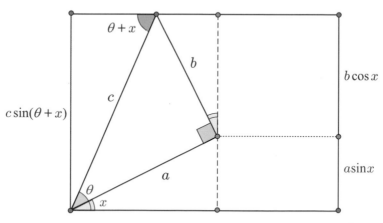

$$a\sin x + b\sin(x + \phi) = c\sin(\theta + x), \quad \text{當 } \phi = \frac{\pi}{2}, \ \tan\theta = \frac{b}{a}$$

$$a\sin x + b\cos x = \sqrt{a^2 + b^2}\,\sin(x + \theta)$$

4-30 和化積公式

$$\sin\alpha + \sin\beta = 2\sin\frac{\alpha+\beta}{2}\cos\frac{\alpha-\beta}{2}$$

$$\cos\alpha + \cos\beta = 2\cos\frac{\alpha+\beta}{2}\cos\frac{\alpha-\beta}{2}$$

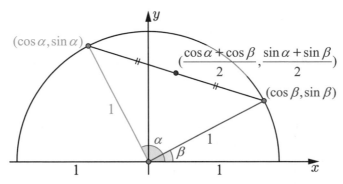

單位圓上取 $(\cos\alpha,\ \sin\alpha)$, $(\cos\beta,\ \sin\beta)$ 及其中點 $(\dfrac{\cos\alpha+\cos\beta}{2},\ \dfrac{\sin\alpha+\sin\beta}{2})$

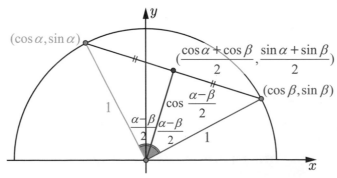

將中點與原點相連，得連線段長 $\cos\dfrac{\alpha-\beta}{2}$

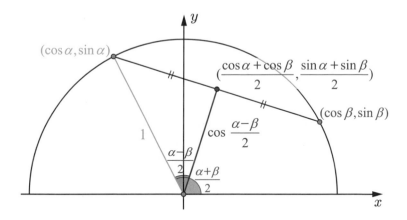

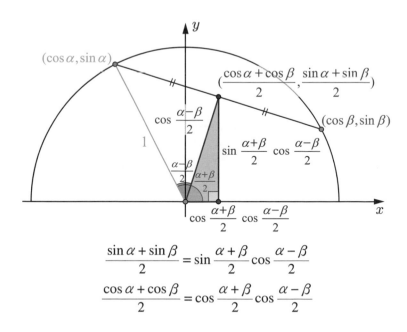

$$\frac{\sin \alpha + \sin \beta}{2} = \sin \frac{\alpha + \beta}{2} \cos \frac{\alpha - \beta}{2}$$

$$\frac{\cos \alpha + \cos \beta}{2} = \cos \frac{\alpha + \beta}{2} \cos \frac{\alpha - \beta}{2}$$

4-31 和化積公式

$$\sin\alpha + \sin\beta = 2\sin\frac{\alpha+\beta}{2}\cos\frac{\alpha-\beta}{2}$$

$$\cos\alpha + \cos\beta = 2\cos\frac{\alpha+\beta}{2}\cos\frac{\alpha-\beta}{2}$$

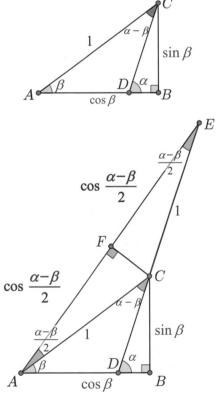

延伸 $\overline{CD}$，並作 $\overline{CE}=\overline{AC}=1$，連 $\overline{AE}$，$\angle CAF=\dfrac{\alpha-\beta}{2}$ 且 $\overline{AF}=\cos\dfrac{\alpha-\beta}{2}$

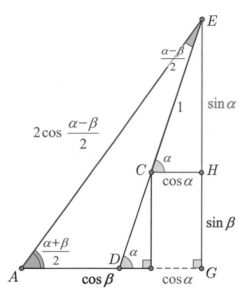

直角三角形 $\triangle AGE$ 兩股分別為 $\sin\alpha + \sin\beta$, $\cos\alpha + \cos\beta$

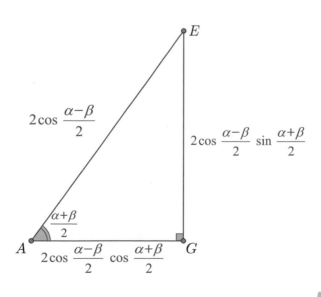

4-32 差化積公式

$$\sin\alpha - \sin\beta = 2\cos\frac{\alpha+\beta}{2}\sin\frac{\alpha-\beta}{2}$$

$$\cos\alpha - \cos\beta = -2\sin\frac{\alpha+\beta}{2}\sin\frac{\alpha-\beta}{2}$$

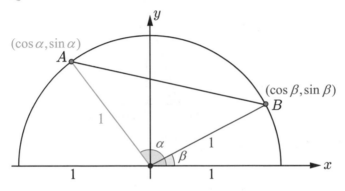

單位圓上取 $(\cos\alpha,\ \sin\alpha)$, $(\cos\beta,\ \sin\beta)$

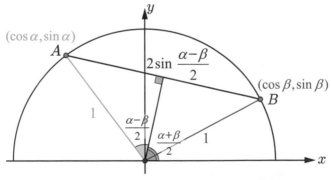

連此兩點得連線段長 $2\sin\dfrac{\alpha-\beta}{2}$

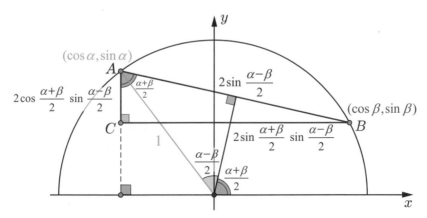

作直角 $\triangle ABC$ 兩股分別為 $2\cos\dfrac{\alpha+\beta}{2}\sin\dfrac{\alpha-\beta}{2}$, $2\sin\dfrac{\alpha+\beta}{2}\sin\dfrac{\alpha-\beta}{2}$

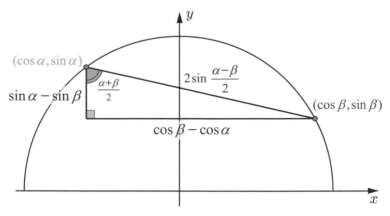

兩股分別為 $\sin\alpha - \sin\beta$, $\cos\beta - \cos\alpha$

4-33 差化積公式

$$\sin \alpha - \sin \beta = 2\cos \frac{\alpha + \beta}{2} \sin \frac{\alpha - \beta}{2}$$

$$\cos \alpha - \cos \beta = -2\sin \frac{\alpha + \beta}{2} \sin \frac{\alpha - \beta}{2}$$

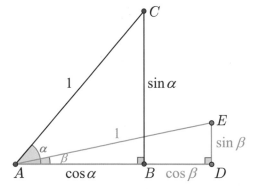

$$\overline{BC} = \sin \alpha, \ \overline{DE} = \sin \beta, \ \overline{AB} = \cos \alpha, \ \overline{AD} = \cos \beta$$

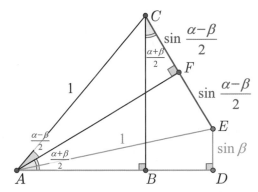

連 $\overline{CE}$，$\angle BCE = \dfrac{\alpha + \beta}{2}$，則 $\overline{CE}$ 中點 F 使得 $\overline{AF}$ 為中垂線　$\Rightarrow \overline{CF} = \sin \dfrac{\alpha - \beta}{2}$

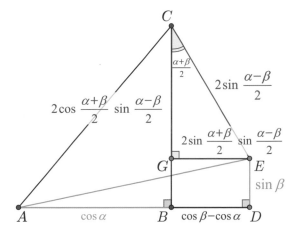

$$\overline{CE} = 2\sin\frac{\alpha-\beta}{2} \quad \Rightarrow \overline{CG} = 2\cos\frac{\alpha+\beta}{2}\sin\frac{\alpha-\beta}{2}, \ \overline{EG} = 2\sin\frac{\alpha+\beta}{2}\sin\frac{\alpha-\beta}{2}$$

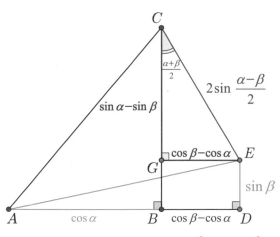

$$\overline{CG} = \sin\alpha - \sin\beta = 2\cos\frac{\alpha+\beta}{2}\sin\frac{\alpha-\beta}{2}$$

$$\overline{GE} = \overline{BD} = \cos\beta - \cos\alpha = 2\sin\frac{\alpha+\beta}{2}\sin\frac{\alpha-\beta}{2}$$

4-34 海龍公式

三角形三邊長 a, b, c，定義 $s = \dfrac{a+b+c}{2}$，內切圓半徑 r

則三角形面積為 $\sqrt{s(s-a)(s-b)(s-c)}$

前言：若 $\alpha + \beta + \gamma = 90°$，則

$$\tan\alpha\tan\beta + \tan\beta\tan\gamma + \tan\gamma\tan\alpha = 1$$

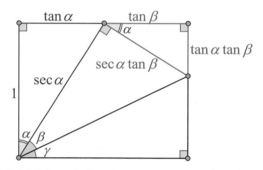

長方形中一內角 $90° = \alpha + \beta + \gamma$，並取寬 $= 1$

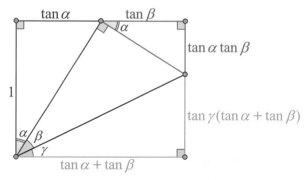

$$1 = \tan\alpha\tan\beta + \tan\gamma(\tan\alpha + \tan\beta)$$
$$\Rightarrow \tan\alpha\tan\beta + \tan\beta\tan\gamma + \tan\gamma\tan\alpha = 1$$

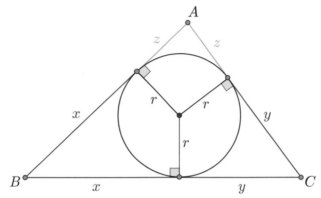

$$s = \frac{a+b+c}{2} = x+y+z, \quad \text{且 } x = s-b, \ y = s-c, \ z = s-a$$

由圖可知 $\triangle ABC = 2 \times (\frac{1}{2}xr + \frac{1}{2}yr + \frac{1}{2}zr) = r(x+y+z) = rs$

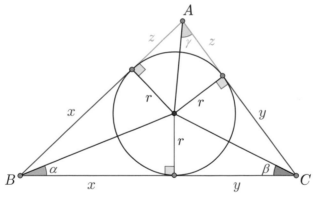

$$2(\alpha + \beta + \gamma) = 180° \implies \alpha + \beta + \gamma = 90°, \quad \text{且 } \tan\alpha = \frac{r}{x}, \ \tan\beta = \frac{r}{y}, \ \tan\gamma = \frac{r}{z}$$

利用 $\tan\alpha\tan\beta + \tan\beta\tan\gamma + \tan\gamma\tan\alpha = 1$，$\therefore \frac{r}{x} \times \frac{r}{y} + \frac{r}{y} \times \frac{r}{z} + \frac{r}{z} \times \frac{r}{x} = 1$

$$\implies \frac{r^2(x+y+z)}{xyz} = 1 \implies \frac{r^2 s^2}{sxyz} = 1 \implies (rs)^2 = sxyz$$

$$\triangle ABC = rs = \sqrt{sxyz} = \sqrt{s(s-a)(s-b)(s-c)}$$

4-35 已知三中線長度之三角形面積

三角形中三邊長為 a, b, c，三中線長為 d, e, f
則以 d, e, f 為三邊長所圍成的新三角形面積為
三邊長 a, b, c 之三角形面積的 $\dfrac{3}{4}$ 倍

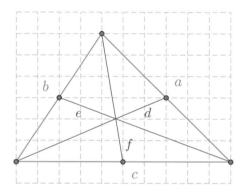

三邊長 a, b, c 所圍之三角形面積為 A

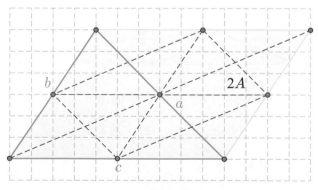

平行四邊形面積 $= 2A$

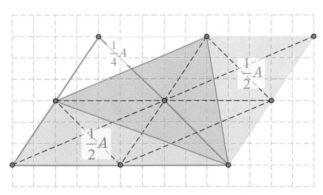

平移 d, e, f 形成新三角形

三中線長 d, e, f 所圍面積 $= 2A - \dfrac{1}{2}A - \dfrac{1}{2}A - \dfrac{1}{4}A = \dfrac{3}{4}A$

4-36 $\tan^{-1}\dfrac{1}{2} + \tan^{-1}\dfrac{1}{3} = \dfrac{\pi}{4}$

$$\tan^{-1}\dfrac{1}{2} + \tan^{-1}\dfrac{1}{3} = \dfrac{\pi}{4}$$

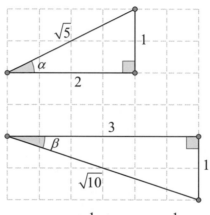

$$\alpha = \tan^{-1}\dfrac{1}{2} \quad \beta = \tan^{-1}\dfrac{1}{3}$$

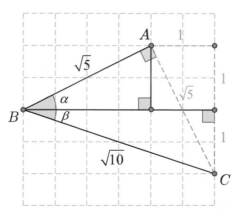

由等腰直角 $\triangle ABC \quad \alpha + \beta = \tan^{-1}\dfrac{1}{2} + \tan^{-1}\dfrac{1}{3} = \dfrac{\pi}{4}$

4-37 $\tan^{-1} 1 + \tan^{-1} 2 + \tan^{-1} 3 = \pi$

$$\tan^{-1} 1 + \tan^{-1} 2 + \tan^{-1} 3 = \pi$$

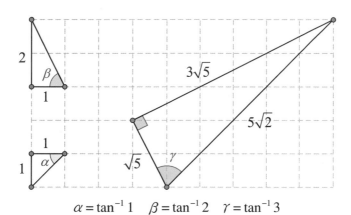

$$\alpha = \tan^{-1} 1 \quad \beta = \tan^{-1} 2 \quad \gamma = \tan^{-1} 3$$

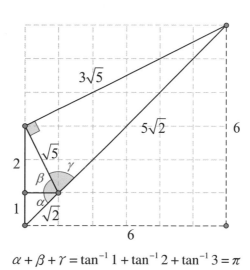

$$\alpha + \beta + \gamma = \tan^{-1} 1 + \tan^{-1} 2 + \tan^{-1} 3 = \pi$$

$C5$ 數列與級數

5-01 連續整數和

$$\sum_{k=1}^{n} k = 1 + 2 + 3 + \cdots + n = \frac{n(n+1)}{2}$$

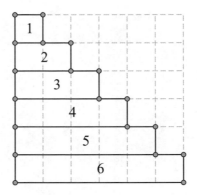

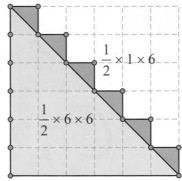

$$1 + 2 + 3 + 4 + 5 + 6 = \frac{1}{2} \times 6 \times 6 + \frac{1}{2} \times 1 \times 6$$

$$\Rightarrow 1 + 2 + 3 + \cdots + n = \frac{1}{2} \times n \times n + \frac{1}{2} \times 1 \times n = \frac{n^2}{2} + \frac{n}{2}$$

5-02 連續整數和

$$\sum_{k=1}^{n} k = 1 + 2 + 3 + \cdots + n = \frac{n(n+1)}{2}$$

$$S_6 = 1 + 2 + 3 + 4 + 5 + 6$$

$$2S_6 = 2 \times (1 + 2 + 3 + 4 + 5 + 6)$$

$$2S_6 = 6^2 + 6 \quad \Rightarrow S_6 = \frac{6^2 + 6}{2} = \frac{6(6+1)}{2}$$

$$\text{同理 } 2S_n = n^2 + n \quad \Rightarrow S_n = \frac{n(n+1)}{2}$$

5-03 連續整數和

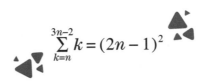

$$\sum_{k=n}^{3n-2} k = (2n-1)^2$$

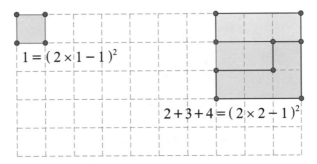

$1 = (2 \times 1 - 1)^2$

$2 + 3 + 4 = (2 \times 2 - 1)^2$

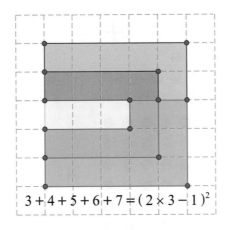

$3 + 4 + 5 + 6 + 7 = (2 \times 3 - 1)^2$

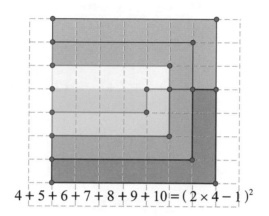

$$4+5+6+7+8+9+10 = (2 \times 4 - 1)^2$$

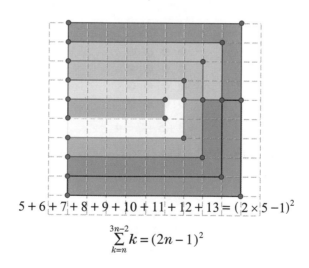

$$5+6+7+8+9+10+11+12+13 = (2 \times 5 - 1)^2$$

$$\sum_{k=n}^{3n-2} k = (2n-1)^2$$

5-04 連續奇數和

$$\sum_{k=1}^{n}(2k-1) = 1 + 3 + 5 + 7 + \cdots + (2n-1) = n^2$$

$$1 + 3 + 5 = 3^2$$

$$\Rightarrow (2 \times 1 - 1) + (2 \times 2 - 1) + (2 \times 3 - 1) = 3^2$$

$$1 + 3 + 5 + 7 = 4^2$$

$$\Rightarrow (2 \times 1 - 1) + (2 \times 2 - 1) + (2 \times 3 - 1) + (2 \times 4 - 1) = 4^2$$

$$1 + 3 + 5 + 7 + 9 = 5^2$$

$$\Rightarrow (2 \times 1 - 1) + (2 \times 2 - 1) + (2 \times 3 - 1) + (2 \times 4 - 1) + (2 \times 5 - 1) = 5^2$$

同理

$$(2 \times 1 - 1) + (2 \times 2 - 1) + (2 \times 3 - 1) + \cdots + (2 \times n - 1) = n^2$$

5-05 連續奇數和

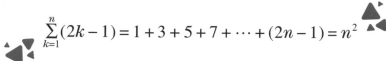

$$\sum_{k=1}^{n}(2k-1)=1+3+5+7+\cdots+(2n-1)=n^2$$

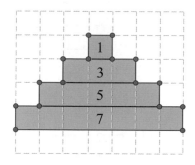

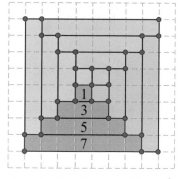

$$4\times(1+3+5+7)=(7+1)^2$$

$$\Rightarrow(2\times1-1)+(2\times2-1)+(2\times3-1)+(2\times4-1)$$

$$=\frac{1}{4}\times[(2\times4-1)+1]^2=\frac{1}{4}(2\times4)^2$$

$$\Rightarrow(2\times1-1)+(2\times2-1)+(2\times3-1)+\cdots+(2\times n-1)$$

$$=\frac{1}{4}(2\times n)^2=n^2$$

5-06
$$1+2+3+\cdots+(n-1)+n$$
$$+(n-1)+\cdots+3+2+1=n^2$$

$$1+2+3+\cdots+(n-1)+n+(n-1)+\cdots+3+2+1=n^2$$

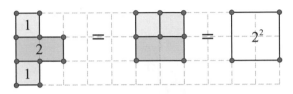

$$1+2+1=2^2$$

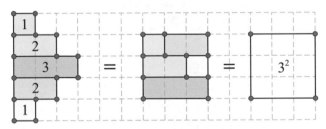

$$1+2+3+2+1=3^2$$

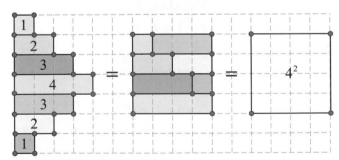

$$1+2+3+4+3+2+1=4^2$$

同理

$$1+2+3+\cdots+(n-1)+n+(n-1)+\cdots+3+2+1=n^2$$

5-07 $1 + 3 + \cdots + (2n-1) + (2n+1) +$
$(2n-1) + \cdots + 3 + 1 = n^2 + (n+1)^2$

$$1 + 3 + \cdots + (2n-1) + (2n+1) + (2n-1) + \cdots + 3 + 1 = n^2 + (n+1)^2$$

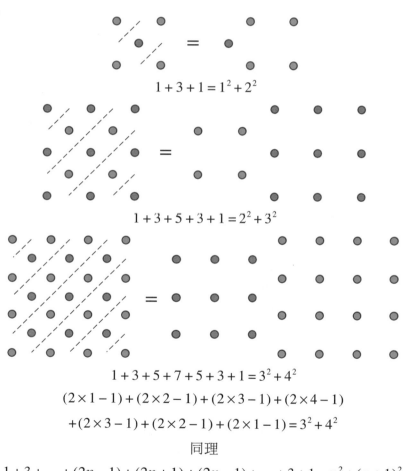

$$1 + 3 + 1 = 1^2 + 2^2$$

$$1 + 3 + 5 + 3 + 1 = 2^2 + 3^2$$

$$1 + 3 + 5 + 7 + 5 + 3 + 1 = 3^2 + 4^2$$

$$(2 \times 1 - 1) + (2 \times 2 - 1) + (2 \times 3 - 1) + (2 \times 4 - 1)$$
$$+ (2 \times 3 - 1) + (2 \times 2 - 1) + (2 \times 1 - 1) = 3^2 + 4^2$$

同理

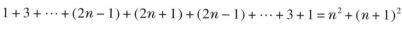

$$1 + 3 + \cdots + (2n-1) + (2n+1) + (2n-1) + \cdots + 3 + 1 = n^2 + (n+1)^2$$

5-08 連續平方和

$$\sum_{k=1}^{n} k^2 = 1^2 + 2^2 + 3^2 + \cdots + n^2 = \frac{n(n+1)(2n+1)}{6}$$

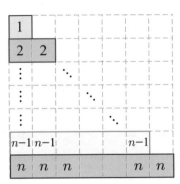

$$S_1 = 1^2 + 2^2 + 3^2 + \cdots + n^2$$

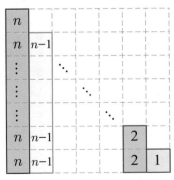

$$S_2 = 1^2 + 2^2 + 3^2 + \cdots + n^2$$

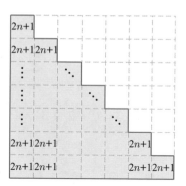

$$S_3 = 1^2 + 2^2 + 3^2 + \cdots + n^2$$

$$S_1 + S_2 + S_3 = 3(1^2 + 2^2 + \cdots + n^2) = \frac{1}{2}n(n+1)(2n+1)$$

$$1^2 + 2^2 + \cdots + n^2 = \frac{1}{6}n(n+1)(2n+1)$$

5-09 連續平方和

$$\sum_{i=1}^{n}\sum_{j=i}^{n}j = \sum_{i=1}^{n}i^2$$

$$(1+2)+2 = 1^2+2^2 \quad \Rightarrow \sum_{i=1}^{2}\sum_{j=i}^{2}j = \sum_{i=1}^{2}i^2$$

$$(1+2+3)+(2+3)+3 = 1^2+2^2+3^3 \quad \Rightarrow \sum_{i=1}^{3}\sum_{j=i}^{3}j = \sum_{i=1}^{3}i^2$$

$$(1+2+3+4)+(2+3+4)+(3+4)+4 = 1^2+2^2+3^2+4^2 \quad \Rightarrow \sum_{i=1}^{4}\sum_{j=i}^{4}j = \sum_{i=1}^{4}i^2$$

同理 $(1+2+\cdots+n)+(2+3+\cdots+n)+\cdots+((n-1)+n)+n$

$$= 1^2+2^2+\cdots+n^2 \quad \Rightarrow \sum_{i=1}^{n}\sum_{j=i}^{n}j = \sum_{i=1}^{n}i^2$$

5-10 連續立方和

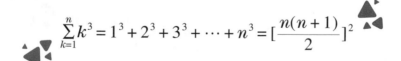

$$\sum_{k=1}^{n} k^3 = 1^3 + 2^3 + 3^3 + \cdots + n^3 = [\frac{n(n+1)}{2}]^2$$

$$1^3 + 2^3 = (1+2)^2 = [\frac{2(2+1)}{2}]^2$$

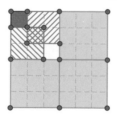

$$1^3 + 2^3 + 3^3 = (1+2+3)^2 = [\frac{3(3+1)}{2}]^2$$

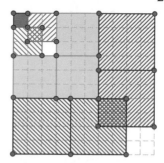

$$1^3 + 2^3 + 3^3 + 4^3 = (1+2+3+4)^2 = [\frac{4(4+1)}{2}]^2$$

$$\Rightarrow 1^3 + 2^3 + 3^3 + \cdots + n^3 = (1+2+3+\cdots+n)^2 = [\frac{n(n+1)}{2}]^2$$

5-11 連續立方和

$$\sum_{k=1}^{n} k^3 = 1^3 + 2^3 + 3^3 + \cdots + n^3 = [\frac{n(n+1)}{2}]^2$$

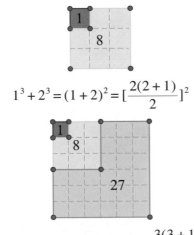

$$1^3 + 2^3 = (1+2)^2 = [\frac{2(2+1)}{2}]^2$$

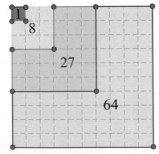

$$1^3 + 2^3 + 3^3 = (1+2+3)^2 = [\frac{3(3+1)}{2}]^2$$

$$1^3 + 2^3 + 3^3 + 4^3 = (1+2+3+4)^2 = [\frac{4(4+1)}{2}]^2$$

$$\Rightarrow 1^3 + 2^3 + 3^3 + \cdots + n^3 = (1+2+3+\cdots+n)^2 = [\frac{n(n+1)}{2}]^2$$

5-12 連續立方和

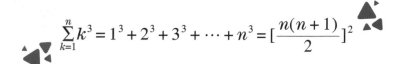

$$\sum_{k=1}^{n} k^3 = 1^3 + 2^3 + 3^3 + \cdots + n^3 = [\frac{n(n+1)}{2}]^2$$

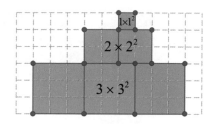

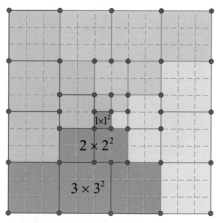

$$4 \times (1^3 + 2^3 + 3^3) = (3^2 + 3)^2$$

同理 $4 \times (1^3 + 2^3 + 3^3 + \cdots + n^3) = (n^2 + n)^2$

$$\Rightarrow (1^3 + 2^3 + 3^3 + \cdots + n^3) = (\frac{n(n+1)}{2})^2$$

5-13 連續立方和

$$\sum_{k=1}^{n} k^3 = 1^3 + 2^3 + 3^3 + \cdots + n^3 = [\frac{n(n+1)}{2}]^2$$

$$\sum_{i=1}^{n} i + 2\sum_{i=1}^{n} i + 3\sum_{i=1}^{n} i + \cdots + n\sum_{i=1}^{n} i = (\sum_{i=1}^{n} i)^2 = [\frac{n(n+1)}{2}]^2$$

$$1 \times 1^2 + 2 \times 2^2 + 3 \times 3^2 + \cdots + n \times n^2 = \sum_{i=1}^{n} i^3$$

$$\sum_{i=1}^{n} i^3 = [\frac{n(n+1)}{2}]^2$$

5-14 連續立方和

$$\sum_{k=1}^{n} k^3 = 1^3 + 2^3 + 3^3 + \cdots + n^3 = [\frac{n(n+1)}{2}]^2$$

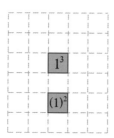

$$1^3 = (\frac{1 \times 2}{2})^2$$

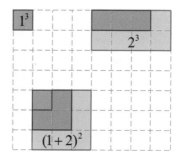

$$1^3 + 2^3 = (1+2)^2 = (\frac{2 \times 3}{2})^2$$

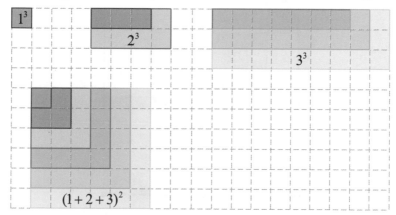

$$1^3 + 2^3 + 3^3 = (1+2+3)^2 = (\frac{3 \times 4}{2})^2$$

同理 $1^3 + 2^3 + 3^3 + \cdots + n^3 = (1+2+3+\cdots+n)^2 = [\frac{n(n+1)}{2}]^2$

5-15 連續平方和

$$\sum_{k=1}^{n} k^2 = (\sum_{k=1}^{n} k)^2 - 2\sum_{k=1}^{n-1}[(\sum_{i=1}^{k} i) \times (k+1)]$$

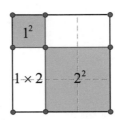

$$1^2 + 2^2 = (1+2)^2 - 2 \times (1 \times 2)$$

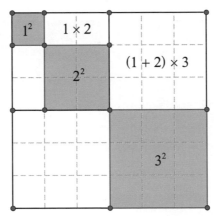

$$1^2 + 2^2 + 3^2 = (1+2+3)^2 - 2 \times [(1 \times 2) + (1+2) \times 3]$$

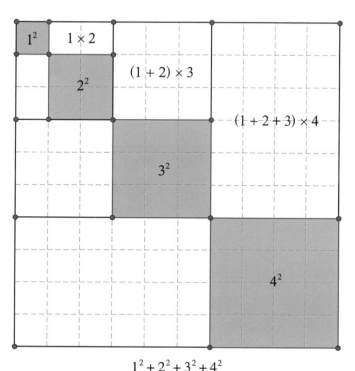

$$1^2 + 2^2 + 3^2 + 4^2$$

$$= (1 + 2 + 3 + 4)^2 - 2 \times [(1 \times 2) + (1 + 2) \times 3 + (1 + 2 + 3) \times 4]$$

同理 $1^2 + 2^2 + 3^2 + \cdots + n^2 = (1 + 2 + \cdots + n)^2$

$$- 2 \times [1 \times 2 + (1 + 2) \times 3 + \cdots + (1 + 2 + \cdots + (n - 1)) \times n]$$

$$\Rightarrow \sum_{k=1}^{n} k^2 = (\sum_{k=1}^{n} k)^2 - 2 \sum_{k=1}^{n-1} [(\sum_{i=1}^{k} i) \times (k + 1)]$$

5-16 連續四次方和

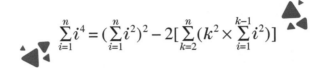

$$\sum_{i=1}^{n} i^4 = (\sum_{i=1}^{n} i^2)^2 - 2[\sum_{k=2}^{n}(k^2 \times \sum_{i=1}^{k-1} i^2)]$$

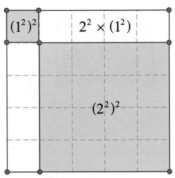

$$1^4 + 2^4 = (1^2 + 2^2)^2 - 2 \times (2^2 \times 1^2)$$

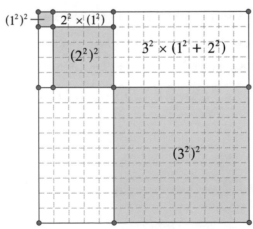

$$1^4 + 2^4 + 3^4 = (1^2 + 2^2 + 3^2)^2 - 2[2^2 \times 1^2 + 3^2(1^2 + 2^2)]$$

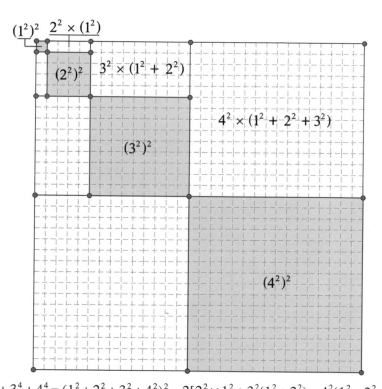

$$1^4 + 2^4 + 3^4 + 4^4 = (1^2 + 2^2 + 3^2 + 4^2)^2 - 2[2^2 \times 1^2 + 3^2(1^2 + 2^2) + 4^2(1^2 + 2^2 + 3^2)]$$

同理

$$1^4 + 2^4 + \cdots + n^4 = (1^2 + 2^2 + \cdots + n^2)^2$$

$$-2[2^2 \times 1^2 + 3^2(1^2 + 2^2) + \cdots + n^2(1^2 + 2^2 + \cdots + (n-1)^2)]$$

$$\Rightarrow \sum_{i=1}^{n} i^4 = (\sum_{i=1}^{n} i^2)^2 - 2[\sum_{k=2}^{n} (k^2 \times \sum_{i=1}^{k-1} i^2)]$$

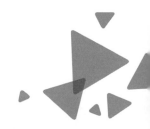

5-17

$$\sum_{k=1}^{n}(-1)^{k+1}k^2 = 1^2 - 2^2 + 3^2 - 4^2 + \cdots$$

$$+ (-1)^{n+1}n^2 = (-1)^{n+1} \times \frac{n(n+1)}{2}$$

$$\sum_{k=1}^{n}(-1)^{k+1}k^2 = 1^2 - 2^2 + 3^2 - 4^2 + \cdots + (-1)^{n+1}n^2$$

$$= (-1)^{n+1} \times \frac{n(n+1)}{2}$$

顯然 $1^2 = 1 = \dfrac{1 \times (1+1)}{2}$

$$1^2 - 2^2 = -(1+2) = -(\frac{2(2+1)}{2})$$

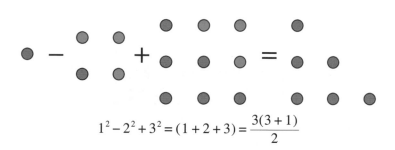

$$1^2 - 2^2 + 3^2 = (1 + 2 + 3) = \frac{3(3 + 1)}{2}$$

$$1^2 - 2^2 + 3^2 - 4^2 = -(1 + 2 + 3 + 4) = -(\frac{4(4 + 1)}{2})$$

同理

$$1^2 - 2^2 + 3^2 - \cdots + (-1)^{n+1} n^2 = (-1)^{n+1}(1 + 2 + 3 + \cdots + n)$$

$$= (-1)^{n+1}(\frac{n(n + 1)}{2})$$

$$\sum_{k=1}^{n} (-1)^{k+1} k^2 = (-1)^{n+1} \frac{n(n + 1)}{2}$$

5-18 $n^2 - (n-1)^2 + \cdots + (-1)^{n+1}1^2 = \dfrac{n(n+1)}{2}$

$$n^2 - (n-1)^2 + \cdots + (-1)^{n+1}1^2 = \dfrac{n(n+1)}{2}$$

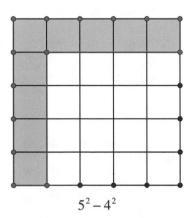

$5^2 - 4^2$

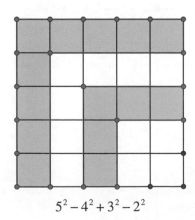

$5^2 - 4^2 + 3^2 - 2^2$

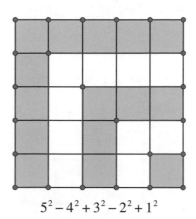

$$5^2 - 4^2 + 3^2 - 2^2 + 1^2$$

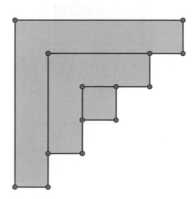

$$5^2 - 4^2 + 3^2 - 2^2 + 1^2 = 1 + 2 + 3 + 4 + 5 = \frac{5(5+1)}{2}$$

$$\text{同理 } n^2 - (n-1)^2 + \cdots + (-1)^{n+1}1^2 = \frac{n(n+1)}{2}$$

5-19 費氏數的平方和

費波那契數列：$F_1 = F_2 = 1$, $F_n = F_{n-1} + F_{n-2}$, For $n \geq 3$

將有 $F_1^2 + F_2^2 + F_3^2 + \cdots + F_n^2 = F_n \times F_{n+1}$

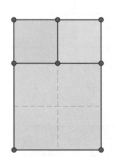

$$F_1^2 + F_2^2 + F_3^2 = 2 \times 3 = F_3 \times F_4$$

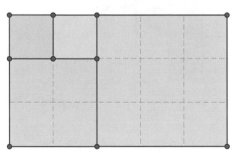

$$F_1^2 + F_2^2 + F_3^2 + F_4^2 = 5 \times 3 = F_5 \times F_4$$

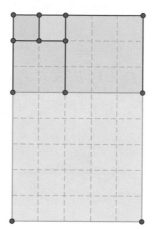

$$F_1^2 + F_2^2 + F_3^2 + F_4^2 + F_5^2 = 5 \times 8 = F_5 \times F_6$$

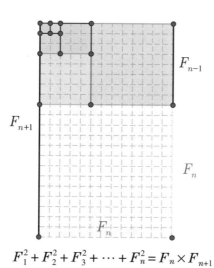

$$F_1^2 + F_2^2 + F_3^2 + \cdots + F_n^2 = F_n \times F_{n+1}$$

5-20 費氏等式 (I)

費氏數列： $F_1 = F_2 = 1$, $F_n = F_{n-1} + F_{n-2}$, For $n \geq 3$

將有 $(F_{n+1})^2 = 4F_n F_{n-1} + (F_{n-2})^2$

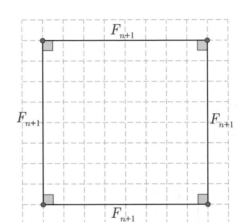

作邊長為 F_{n+1} 的正方形

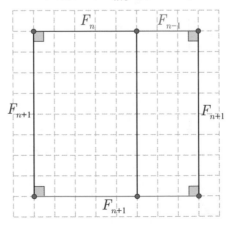

$$F_{n+1} = F_n + F_{n-1}$$

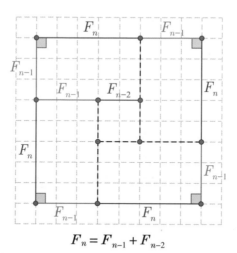

$$F_n = F_{n-1} + F_{n-2}$$

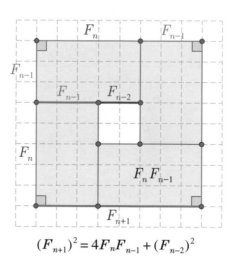

$$(F_{n+1})^2 = 4F_nF_{n-1} + (F_{n-2})^2$$

5-21 費氏等式 (II)

費波那契數列：$F_1 = F_2 = 1$, $F_n = F_{n-1} + F_{n-2}$, For $n \geq 3$

將有 $(F_{n+1})^2 = 2(F_n)^2 + 2(F_{n-1})^2 - (F_{n-2})^2$

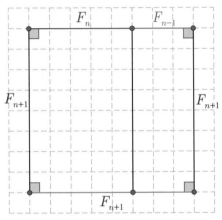

$$F_{n+1} = F_n + F_{n-1}$$

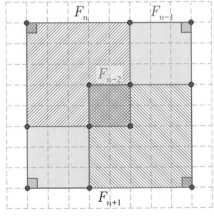

$$(F_{n+1})^2 = 2(F_n)^2 + 2(F_{n-1})^2 - (F_{n-2})^2$$

5-22 費氏等式 (III)

費波那契數列：$F_1 = F_2 = 1$, $F_n = F_{n-1} + F_{n-2}$, For $n \geq 3$

將有 $(F_{n+1})^2 = 4(F_{n-1})^2 + 4F_{n-1}F_{n-2} + (F_{n-2})^2$

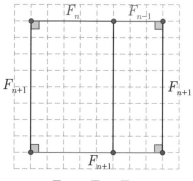

$$F_{n+1} = F_n + F_{n-1}$$

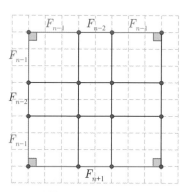

$$F_n = F_{n-1} + F_{n-2}$$

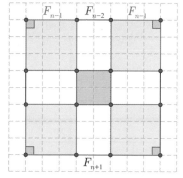

$$(F_{n+1})^2 = 4(F_{n-1})^2 + 4F_{n-1}F_{n-2} + (F_{n-2})^2$$

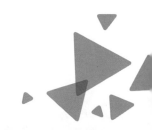

5-23 費氏等式 (IV)

費波那契數列：$F_1 = F_2 = 1$, $F_n = F_{n-1} + F_{n-2}$, For $n \geq 3$

將有 $(F_{n+1})^2 = 4(F_n)^2 - 4F_{n-1}F_{n-2} - 3(F_{n-2})^2$

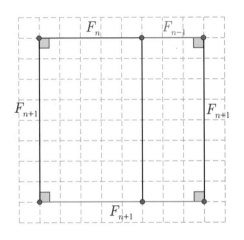

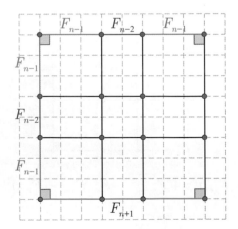

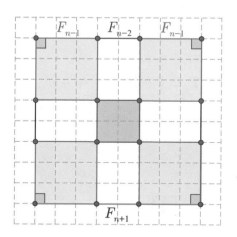

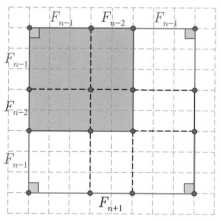

$$(F_{n+1})^2 = 4(F_{n-1})^2 + 4F_{n-1}F_{n-2} + (F_{n-2})^2$$

$$= 4[(F_{n-1})^2 + 2F_{n-1}F_{n-2} + (F_{n-2})^2] - 4F_{n-1}F_{n-2} - 3(F_{n-2})^2$$

$$= 4(F_n)^2 - 4F_{n-1}F_{n-2} - 3(F_{n-2})^2$$

5-24 連續三角數的和

定義 $T_k = 1 + 2 + 3 + \cdots + k$，將有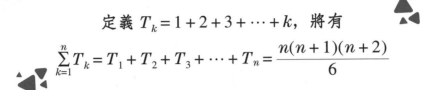

$$\sum_{k=1}^{n} T_k = T_1 + T_2 + T_3 + \cdots + T_n = \frac{n(n+1)(n+2)}{6}$$

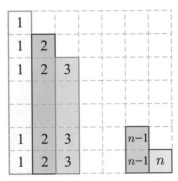

$$S_1 = 1 + (1+2) + (1+2+3) + \cdots + (1+2+3+\cdots+n) = T_1 + T_2 + T_3 + \cdots + T_n$$

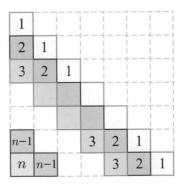

$$S_2 = 1 + (2+1) + (3+2+1) + [n + (n-1) + (n-2) + \cdots + 2 + 1]$$
$$= T_1 + T_2 + T_3 + \cdots + T_n$$

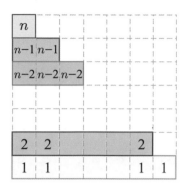

$$S_3 = [n + (n-1) + (n-2) + \cdots + 1]$$
$$+ [(n-1) + (n-2) + \cdots + 1] + \cdots + (2+1) + 1$$
$$= T_1 + T_2 + T_3 + \cdots + T_n$$

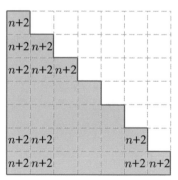

$$1 + (1+2) + (1+2+3) + \cdots + (1+2+3+\cdots+n) = T_1 + T_2 + T_3 + \cdots + T_n$$

$$3 \times (T_1 + T_2 + T_3 + \cdots + T_n) = (n+2) \times T_n = (n+2)\frac{n(n+1)}{2}$$

$$\sum_{k=1}^{n} T_k = \frac{1}{6}n(n+1)(n+2)$$

5-25 連續三角數的和

定義 $T_k = 1 + 2 + 3 + \cdots + k$，將有 $\displaystyle\sum_{k=1}^{n} T_k = \sum_{k=1}^{n} k(n-k+1)$

1 $(1+2)$ $(1+2+3)$

1×3 2×2 3×1

$(1) + (1+2) + (1+2+3) = 1 \times 3 + 2 \times 2 + 3 \times 1$

1 $(1+2)$ $(1+2+3)$ $(1+2+3+4)$

1×4 2×3 3×2 4×1

$(1) + (1+2) + (1+2+3) + (1+2+3+4) = 1 \times 4 + 2 \times 3 + 3 \times 2 + 4 \times 1$

1	(1 + 2)	(1 + 2 + 3)	(1 + 2 + 3 + 4)	(1 + 2 + 3 + 4 + 5)

1 × 5	2 × 4	3 × 3	4 × 2	5 × 1

$$(1) + (1 + 2) + (1 + 2 + 3) + (1 + 2 + 3 + 4) + (1 + 2 + 3 + 4 + 5)$$

$$= 1 \times 5 + 2 \times 4 + 3 \times 3 + 4 \times 2 + 5 \times 1$$

$$\sum_{k=1}^{5} T_k = \sum_{k=1}^{5} k(5 - k + 1)$$

同理

$$\sum_{k=1}^{n} T_k = \sum_{k=1}^{n} k(n - k + 1)$$

5-26 連續三角數的和

定義 $T_k = 1 + 2 + 3 + \cdots + k$，將有

$$\sum_{k=1}^{n} T_k = T_1 + T_2 + T_3 + \cdots + T_n = \frac{n(n+1)(n+2)}{6}$$

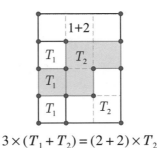

$$3 \times (T_1 + T_2) = (2 + 2) \times T_2$$

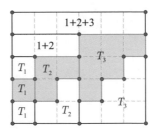

$$3 \times (T_1 + T_2 + T_3) = (3 + 2) \times T_3$$

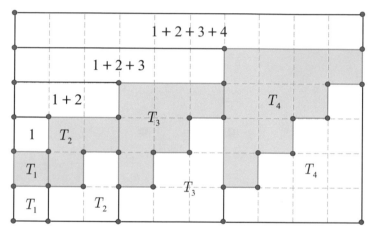

$$3 \times (T_1 + T_2 + T_3 + T_4) = (4 + 2) \times T_4$$

同理 $3 \times (T_1 + T_2 + \cdots + T_n) = (n + 2) \times T_n = (n + 2) \times \dfrac{n(n+1)}{2}$

$$T_1 + T_2 + \cdots + T_n = \dfrac{n(n+1)(n+2)}{6}$$

5-27 交錯三角數級數

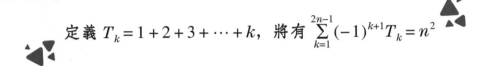

定義 $T_k = 1 + 2 + 3 + \cdots + k$，將有 $\displaystyle\sum_{k=1}^{2n-1} (-1)^{k+1} T_k = n^2$

$$T_1 = 1^2$$

$$T_1 - T_2 + T_3 = 1 + 3 = 2^2$$

$$T_1 - T_2 + T_3 - T_4 + T_5 = 1 + 3 + 5 = 3^2$$

$$\sum_{k=1}^{5}(-1)^{k+1}T_k = 1 + 3 + 5 = 3^2$$

同理

$$\sum_{k=1}^{2n-1}(-1)^{k+1}T_k = n^2$$

5-28 兩相連整數乘積的和

$$\sum_{k=1}^{n} k(k+1) = \frac{n(n+1)(n+2)}{3}$$

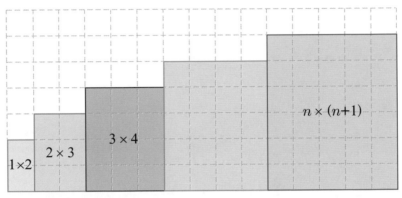

$$\sum_{k=1}^{n} k(k+1) = 1 \times 2 + 2 \times 3 + \cdots + n \times (n+1)$$

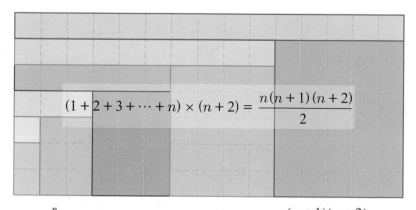

$$\sum_{k=1}^{n} k(k+1) = 2(T_1 + T_2 + T_3 + \cdots + T_n)$$

$$\Rightarrow (T_1 + T_2 + T_3 + \cdots + T_n) = \frac{1}{2}\sum_{k=1}^{n} k(k+1)$$

$$(1 + 2 + 3 + \cdots + n) \times (n+2) = \frac{n(n+1)(n+2)}{2}$$

$$\sum_{k=1}^{n} k(k+1) + (T_1 + T_2 + T_3 + \cdots + T_n) = \frac{n(n+1)(n+2)}{2}$$

$$\Rightarrow \frac{3}{2}\sum_{k=1}^{n} k(k+1) = \frac{n(n+1)(n+2)}{2} \qquad \Rightarrow \sum_{k=1}^{n} k(k+1) = \frac{n(n+1)(n+2)}{3}$$

$$\sum_{k=1}^{n} T_k = \frac{n(n+1)(n+2)}{6}$$

5-29 三相連整數乘積的和

$$\sum_{k=1}^{n} k(k+1)(k+2) = \frac{n(n+1)(n+2)(n+3)}{4}$$

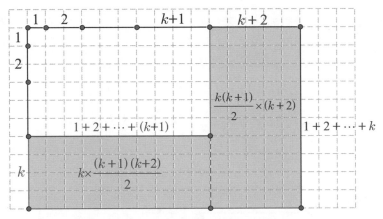

所求面積 $= \dfrac{k(k+1)(k+2)}{2} + \dfrac{k(k+1)(k+2)}{2} = k(k+1)(k+2)$

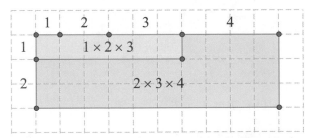

$$1\times2\times3 + 2\times3\times4 = (1+2)\times(1+2+3+4) = \frac{2\times3}{2}\times\frac{4\times5}{2} = \frac{2\times3\times4\times5}{4}$$

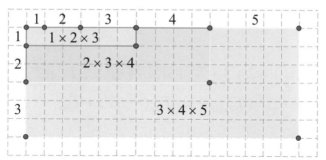

$$1 \times 2 \times 3 + 2 \times 3 \times 4 + 3 \times 4 \times 5 = \frac{3 \times 4}{2} \times \frac{5 \times 6}{2} = \frac{3 \times 4 \times 5 \times 6}{4}$$

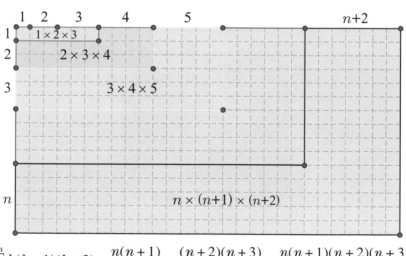

$$\sum_{k=1}^{n} k(k+1)(k+2) = \frac{n(n+1)}{2} \times \frac{(n+2)(n+3)}{2} = \frac{n(n+1)(n+2)(n+3)}{4}$$

5-30 三角數等式

定義 $T_n = 1 + 2 + 3 + \cdots + n$，將有 (1) $3T_n + T_{n-1} = T_{2n}$

 (2) $3T_n + T_{n+1} = T_{2n+1}$　(3) $T_{n-1} + 6T_n + T_{n+1} = (2n+1)^2$

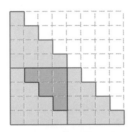

$$3T_4 + T_3 = T_8 = T_{2\times4} \quad 同理 \ 3T_n + T_{n-1} = T_{2n}$$

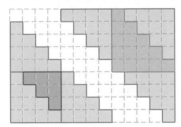

$$右上方 \ 3T_4 + T_5 = T_9 = T_{2\times4+1} \quad 同理 \ 3T_n + T_{n+1} = T_{2n+1}$$

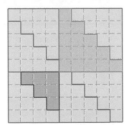

$$T_3 + 6T_4 + T_5 = 9^2 = (2\times4+1)^2 \quad 同理 \ T_{n-1} + 6T_n + T_{n+1} = (2n+1)^2$$

5-31 兩相鄰三角數的平方和

 定義 $T_n = 1 + 2 + 3 + \cdots + n$，將有 $(T_{n-1})^2 + (T_n)^2 = T_{n^2}$

$$1 \times 1 + 3(1+2) = 1+2+3+4 \quad \Rightarrow 1T_1 + 3T_2 = T_4 \quad \Rightarrow T_1^2 + = T_4$$

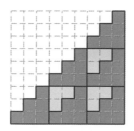

$$3T_2 + 6T_3 = T_9 \quad \Rightarrow T_2^2 + T_3^2 = T_9$$

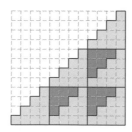

$$6T_3 + 10T_4 = T_{16} \quad \Rightarrow T_3^2 + T_4^2 = T_{16}$$

$$同理 \ (T_{n-1})^2 + (T_n)^2 = T_{n^2}$$

5-32 兩相連三角數的和

 定義 $T_n = 1 + 2 + 3 + \cdots + n$，將有 $T_{n-1} + T_n = n^2$

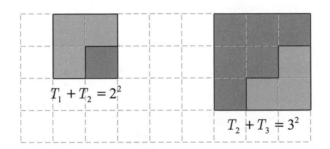

$$T_1 + T_2 = 2^2$$

$$T_2 + T_3 = 3^2$$

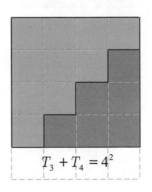

$$T_3 + T_4 = 4^2$$

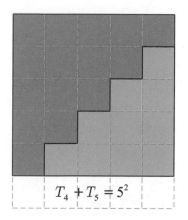

$$T_4 + T_5 = 5^2$$

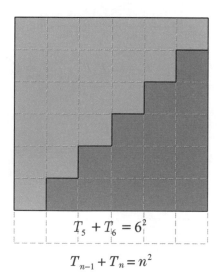

$$T_5 + T_6 = 6^2$$

$$T_{n-1} + T_n = n^2$$

5-33 三角數等式

 定義 $T_n = 1 + 2 + 3 + \cdots + n$，則有 $T_{k-1}T_{n-1} + T_kT_n = T_{k \times n}$

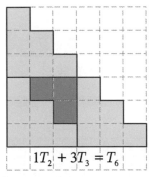

$$1T_2 + 3T_3 = T_6$$

$$1T_2 + 3T_3 = T_6 \quad \Rightarrow T_1T_2 + T_2T_3 = T_{2 \times 3}$$

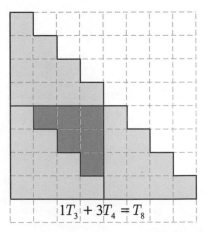

$$1T_3 + 3T_4 = T_8$$

$$1T_3 + 3T_4 = T_8 \quad \Rightarrow T_1T_3 + T_2T_4 = T_{2 \times 4}$$

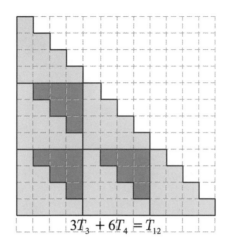

$$3T_3 + 6T_4 = T_{12}$$

$$3T_3 + 6T_4 = T_{12} \quad \Rightarrow T_2 T_3 + T_3 T_4 = T_{3\times4}$$

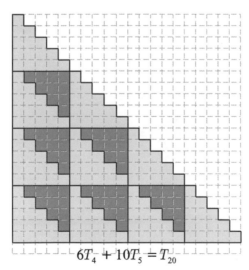

$$6T_4 + 10T_5 = T_{20}$$

$$6T_4 + 10T_5 = T_{20} \quad \Rightarrow T_3 T_4 + T_4 T_5 = T_{4\times5}$$

同理 $T_{k-1} T_{n-1} + T_k T_n = T_{k\times n}$

5-34 三角數等式

 定義 $T_n = 1 + 2 + 3 + \cdots + n$，將有 $T_{k-1}T_n + T_kT_{n-1} = T_{k \times n - 1}$

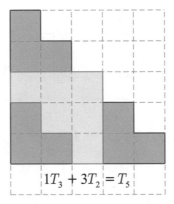

$$1T_3 + 3T_2 = T_5$$

$$1T_3 + 3T_2 = T_5 \quad \Rightarrow T_1T_3 + T_2T_2 = T_{3 \times 2 - 1}$$

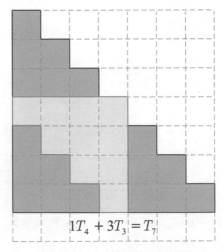

$$1T_4 + 3T_3 = T_7$$

$$1T_4 + 3T_3 = T_7 \quad \Rightarrow T_1T_4 + T_2T_3 = T_{4 \times 2 - 1}$$

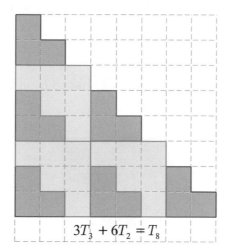

$$3T_3 + 6T_2 = T_8$$

$$3T_3 + 6T_2 = T_8 \quad \Rightarrow T_2T_3 + T_3T_2 = T_{3\times3-1}$$

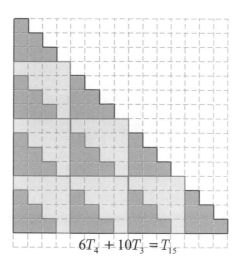

$$6T_4 + 10T_3 = T_{15}$$

$$6T_4 + 10T_3 = T_{15} \quad \Rightarrow T_3T_4 + T_4T_3 = T_{4\times4-1}$$

$$\Rightarrow T_{k-1}T_n + T_kT_{n-1} = T_{k\times n-1}$$

5-35 奇數平方可表示成 8 倍的三角數加 1

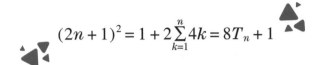

$$(2n+1)^2 = 1 + 2\sum_{k=1}^{n} 4k = 8T_n + 1$$

$$3^2 = 1 + 2 \times 4 \quad \Rightarrow (2 \times 1 + 1)^2 = 1 + 2 \times 4 = 8T_1 + 1$$

$$5^2 = 1 + 2 \times 4 + 2 \times 8 \quad \Rightarrow (2 \times 2 + 1)^2 = 1 + 2(4 + 8) = 8T_2 + 1$$

$$7^2 = 1 + 2 \times 4 + 2 \times 8 + 2 \times 12 \quad \Rightarrow (2 \times 3 + 1)^2 = 1 + 2(4 + 8 + 12) = 8T_3 + 1$$

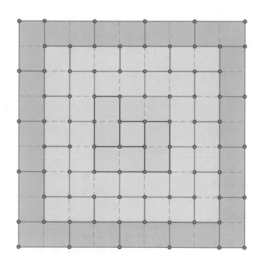

$$9^2 = 1 + 2 \times 4 + 2 \times 8 + 2 \times 12 + 2 \times 16$$

$$\Rightarrow (2 \times 4 + 1)^2 = 1 + 2(4 + 8 + 12 + 16) = 8T_4 + 1$$

$$同理 \ (2n + 1)^2 = 1 + 2\sum_{k=1}^{n} 4k = 8T_n + 1$$

5-36 奇數平方可表示成兩三角數的差

定義 $T_n = 1 + 2 + 3 + \cdots + n$,將有 $(2n+1)^2 = T_{3n+1} - T_n$

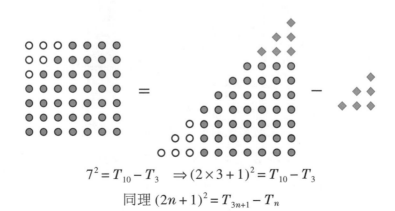

$$3^2 = T_4 - T_1 \quad \Rightarrow (2 \times 1 + 1)^2 = T_4 - T_1$$

$$5^2 = T_7 - T_2 \quad \Rightarrow (2 \times 2 + 1)^2 = T_7 - T_2$$

$$7^2 = T_{10} - T_3 \quad \Rightarrow (2 \times 3 + 1)^2 = T_{10} - T_3$$

同理 $(2n+1)^2 = T_{3n+1} - T_n$

5-37 組合等式

$$\binom{n+1}{2} = \binom{n}{2} + n$$

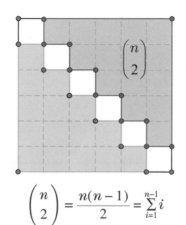

$$\binom{n}{2} = \frac{n(n-1)}{2} = \sum_{i=1}^{n-1} i$$

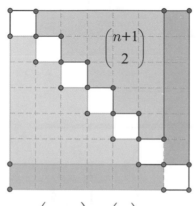

$$\binom{n+1}{2} = \binom{n}{2} + n$$

5-38 惠更斯級數

$$\sum_{k=1}^{n} \frac{1}{k(k+1)} = \frac{1}{1 \times 2} + \frac{1}{2 \times 3} + \frac{1}{3 \times 4} + \cdots + \frac{1}{n(n+1)} = \frac{n}{n+1}$$

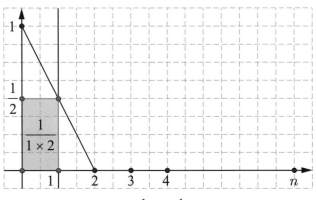

$$\frac{1}{1 \times 2} = \frac{1}{2}$$

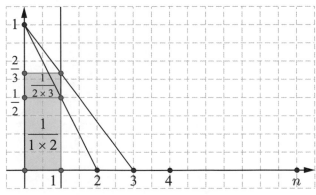

$$\frac{1}{1 \times 2} + \frac{1}{2 \times 3} = \frac{2}{3}$$

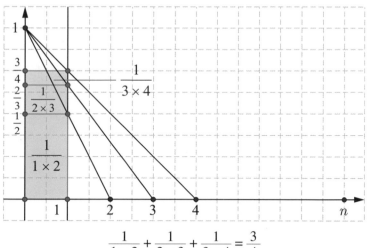

$$\frac{1}{1 \times 2} + \frac{1}{2 \times 3} + \frac{1}{3 \times 4} = \frac{3}{4}$$

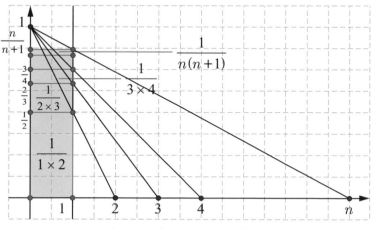

$$\frac{1}{1 \times 2} + \frac{1}{2 \times 3} + \frac{1}{3 \times 4} + \cdots + \frac{1}{n(n+1)} = \frac{n}{n+1}$$

5-39 n 層的 a 邊形數

由 a 邊形所構成且繞 n 層 a 邊形之點數總和為

$$1+(a-1)\times n+(a-2)\times\frac{n(n-1)}{2}$$

$$1+4\times3+3\times(1+2)$$

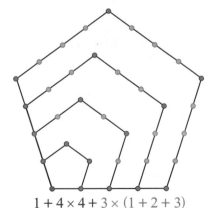

$$1+4\times4+3\times(1+2+3)$$

圖形由五邊形所構成且繞 n 層五邊形時，點數共有

$$1+4\times n+3\times[1+2+3+\cdots+(n-1)]=1+4\times n+3\times\frac{n(n-1)}{2}$$

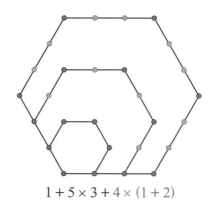

$$1 + 5 \times 3 + 4 \times (1 + 2)$$

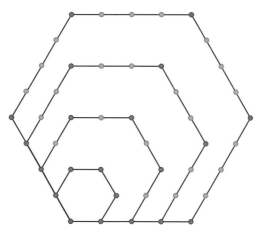

$$1 + 5 \times 4 + 4 \times (1 + 2 + 3)$$

圖形由六邊形所構成且繞 n 層六邊形時，

點數共有 $1 + 5 \times n + 4 \times [1 + 2 + 3 + \cdots + (n-1)] = 1 + 5 \times n + 4 \times \dfrac{n(n-1)}{2}$

可以推得，圖形由 a 邊形所構成且繞 n 層 a 邊形時

點數共有 $1 + (a-1) \times n + (a-2) \times \dfrac{n(n-1)}{2}$

$C6$ 極限與微積分

6-01 歐拉數 e 的定義

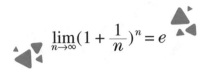

$$\lim_{n\to\infty}(1+\frac{1}{n})^n = e$$

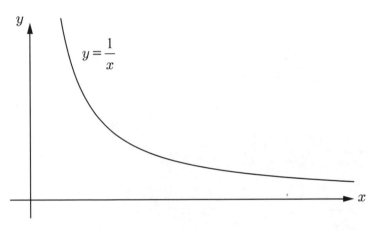

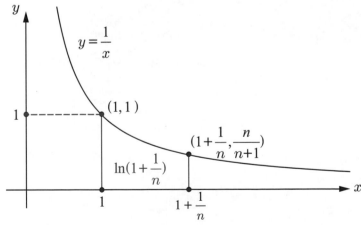

$$\int_1^{1+\frac{1}{n}}(\frac{1}{x})dx = \ln x\big|_1^{1+\frac{1}{n}} = \ln(1+\frac{1}{n}) - \ln 1 = \ln(1+\frac{1}{n})$$

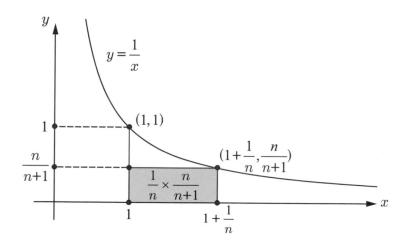

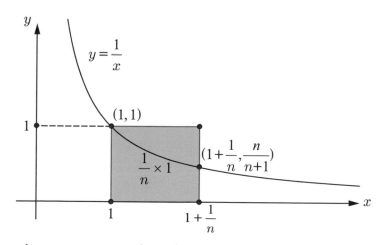

$$\because \frac{1}{n} \times \frac{n}{n+1} \le \ln(1+\frac{1}{n}) \le \frac{1}{n} \times 1, \quad \therefore \frac{n}{n+1} \le n \times \ln(1+\frac{1}{n}) \le 1$$

$$\Rightarrow \lim_{n \to \infty} \frac{n}{n+1} \le \lim_{n \to \infty} n \times \ln(1+\frac{1}{n}) \le \lim_{n \to \infty} 1$$

$$\Rightarrow \lim_{n \to \infty} \ln(1+\frac{1}{n})^n = 1 \quad \Rightarrow \lim_{n \to \infty}(1+\frac{1}{n})^n = e$$

6-02 $\displaystyle\lim_{x\to\infty}\frac{x}{e^x}=0$

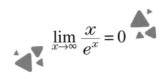

$$\lim_{x\to\infty}\frac{x}{e^x}=0$$

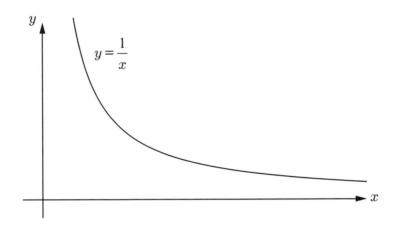

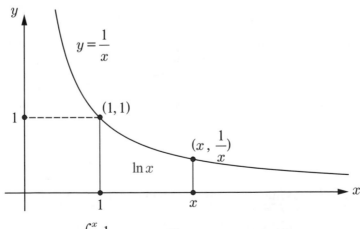

$$\int_1^x \frac{1}{x}\,dx = \ln x\,\Big|_1^x = \ln x - \ln 1 = \ln x$$

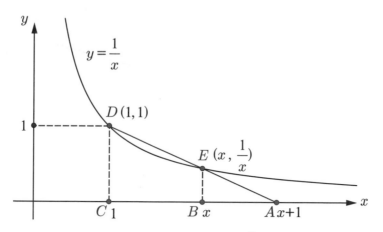

設 $A(a, 0)$，且 $\dfrac{\overline{AB}}{\overline{AC}} = \dfrac{\overline{BE}}{\overline{CD}}$ $\Rightarrow \dfrac{a-x}{a-1} = \dfrac{\frac{1}{x}}{1}$ $\Rightarrow xa - x^2 = a - 1$

$\Rightarrow a(x-1) = x^2 - 1$ $\Rightarrow a = x + 1$ $\Rightarrow A(x+1, 0)$

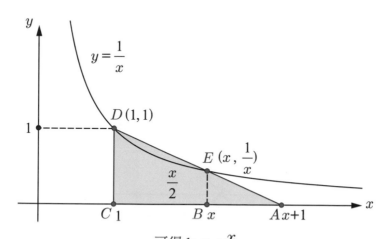

可得 $\ln x < \dfrac{x}{2}$

$\Rightarrow \displaystyle\lim_{x \to \infty} \dfrac{x}{e^x} = \lim_{x \to \infty} \dfrac{1}{e^x \times x^{-1}} = \lim_{x \to \infty} \dfrac{1}{e^x \times e^{-\ln x}} = \lim_{x \to \infty} \dfrac{1}{e^{x - \ln x}} = 0$

6-03 幾何迭代法求極限值

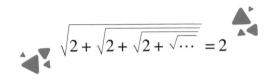

$$\sqrt{2+\sqrt{2+\sqrt{2+\sqrt{\cdots}}}} = 2$$

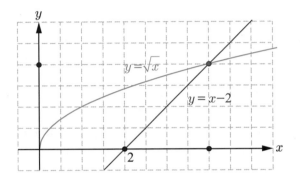

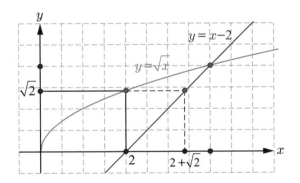

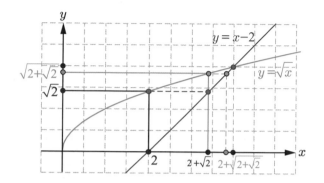

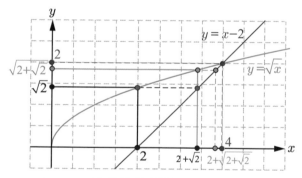

迭代後趨近於 (4, 2)

$$\sqrt{2+\sqrt{2+\sqrt{2+\sqrt{\cdots}}}} = 2$$

6-04 無窮等比級數

公比 $r = \dfrac{1}{2}$，則 $\dfrac{1}{2} + \dfrac{1}{4} + \dfrac{1}{8} + \dfrac{1}{16} + \cdots = 1$

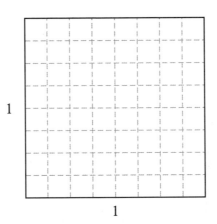

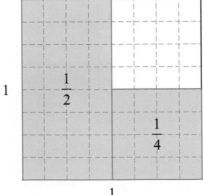

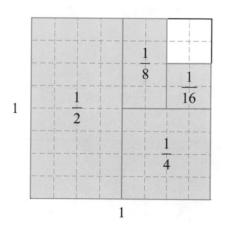

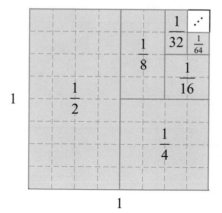

$$\frac{1}{2} + \frac{1}{4} + \frac{1}{8} + \frac{1}{16} + \cdots = 1$$

6-05 無窮等比級數

公比 $r = \dfrac{1}{3}$，則 $\dfrac{1}{3} + \dfrac{1}{9} + \dfrac{1}{27} + \cdots = \dfrac{1}{2}$

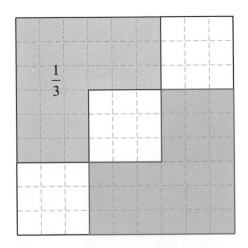

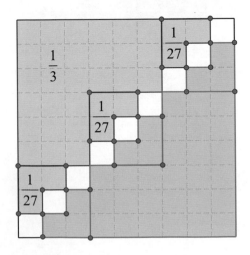

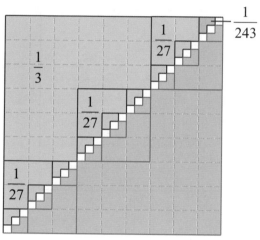

$$2 \times (\frac{1}{3} + 3 \times \frac{1}{27} + 9 \times \frac{1}{243} + \cdots) = 1$$

$$\Rightarrow 2 \times (\frac{1}{3} + \frac{1}{9} + \frac{1}{27} + \cdots) = 1$$

$$\Rightarrow \frac{1}{3} + \frac{1}{9} + \frac{1}{27} + \cdots = \frac{1}{2}$$

6-06 無窮等比級數

公比 $r = \dfrac{1}{4}$，則 $\dfrac{1}{4} + \dfrac{1}{16} + \dfrac{1}{64} + \cdots = \dfrac{1}{3}$

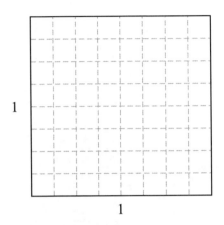

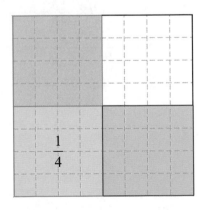

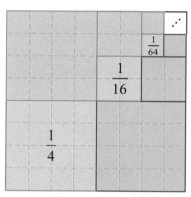

$$\frac{1}{4} + \frac{1}{16} + \frac{1}{64} + \cdots = \frac{1}{3}$$

6-07 無窮等比級數

公比 $r = \dfrac{1}{4}$，則 $\dfrac{1}{4} + \dfrac{1}{16} + \dfrac{1}{64} + \cdots = \dfrac{1}{3}$

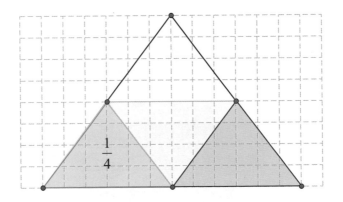

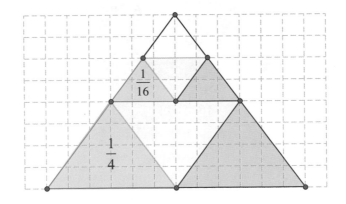

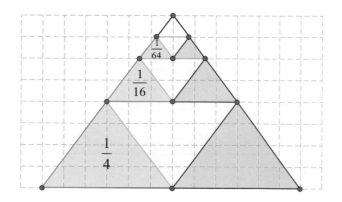

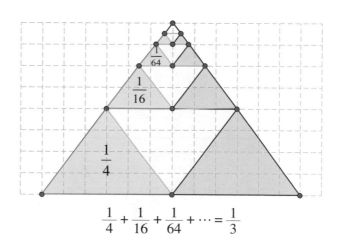

$$\frac{1}{4} + \frac{1}{16} + \frac{1}{64} + \cdots = \frac{1}{3}$$

6-08 無窮等比級數

公比 $r = \dfrac{1}{5}$，則 $\dfrac{1}{5} + \dfrac{1}{25} + \dfrac{1}{125} + \cdots = \dfrac{1}{4}$

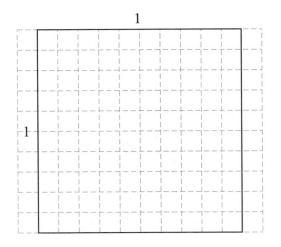

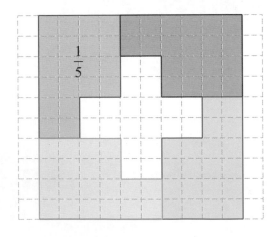

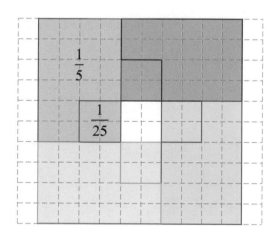

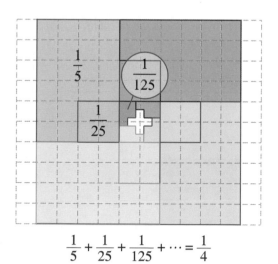

$$\frac{1}{5} + \frac{1}{25} + \frac{1}{125} + \cdots = \frac{1}{4}$$

6-09 無窮等比級數

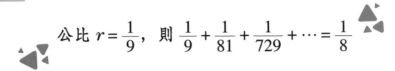

公比 $r = \dfrac{1}{9}$，則 $\dfrac{1}{9} + \dfrac{1}{81} + \dfrac{1}{729} + \cdots = \dfrac{1}{8}$

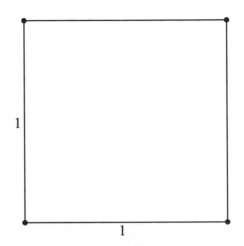

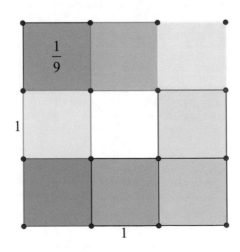

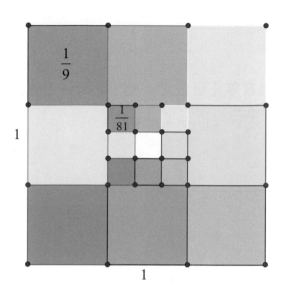

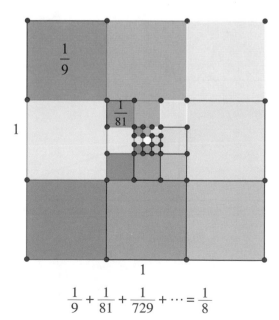

$$\frac{1}{9} + \frac{1}{81} + \frac{1}{729} + \cdots = \frac{1}{8}$$

6-10 無窮等比級數

當無窮等比級數之公比 $-1 < r < 1$ 時，則

$$\sum_{k=0}^{\infty} r^k = 1 + r + r^2 + r^3 + \cdots = \frac{1}{1-r}$$

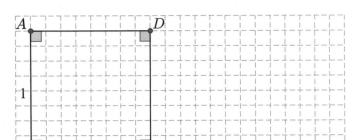

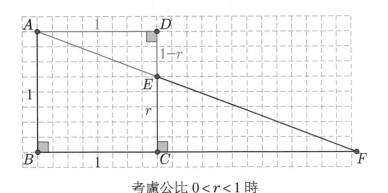

考慮公比 $0 < r < 1$ 時

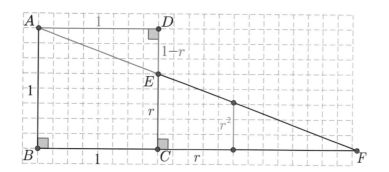

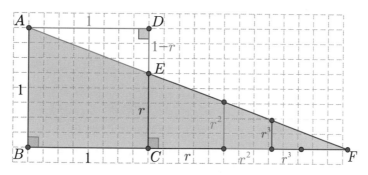

$$\because \triangle ABF \sim \triangle EDA, \quad \therefore \frac{\overline{BF}}{\overline{AB}} = \frac{\overline{AD}}{\overline{DE}}$$

$$\Rightarrow 1 + r + r^2 + \cdots = \frac{1}{1-r}$$

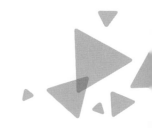

6-11 無窮等比級數

無窮等比級數之公比 $-1 < r < 1$ 時，則

$$\sum_{k=0}^{\infty} ar^k = a + ar + ar^2 + ar^3 + \cdots = \frac{a}{1-r}$$

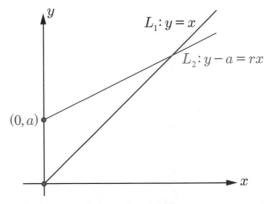

$L_1 : y = x$, 斜率 $= 1$

$L_2 : y - a = rx$, 斜率 $= r$, $a > 0$, $0 < r < 1$

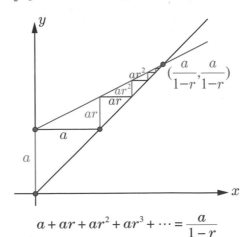

$$a + ar + ar^2 + ar^3 + \cdots = \frac{a}{1-r}$$

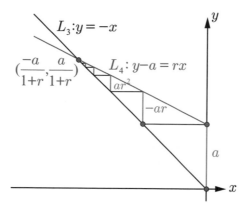

當公比 $-1 < -r < 0$ 時，則 $a - ar + ar^2 - \cdots = \dfrac{a}{1+r} = \dfrac{a}{1-(-r)}$

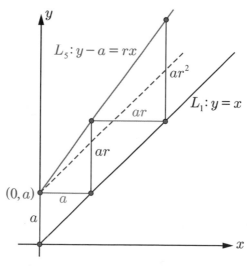

當公比 $|r| \geq 1$ 時，則此級數發散

6-12 交錯級數

當無窮等比級數之公比 $-1 < r < 1$ 時，

$$\sum_{k=0}^{\infty} r^k = 1 + r + r^2 + r^3 + \cdots = \frac{1}{1-r}$$

取 $r = -\dfrac{1}{2}$，則 $\dfrac{1}{2} - \dfrac{1}{4} + \dfrac{1}{8} - \dfrac{1}{16} + \dfrac{1}{32} - \dfrac{1}{64} + \cdots = \dfrac{1}{3}$

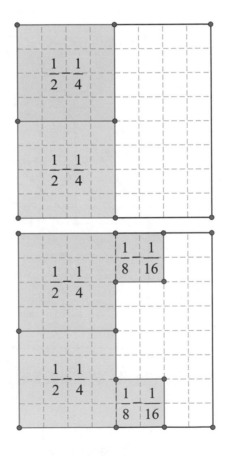

$$\left(\frac{1}{2} - \frac{1}{4}\right) + \left(\frac{1}{8} - \frac{1}{16}\right) + \left(\frac{1}{32} - \frac{1}{64}\right) + \cdots$$

$$= 2\left[\left(\frac{1}{4} - \frac{1}{8}\right) + \left(\frac{1}{16} - \frac{1}{32}\right) + \left(\frac{1}{64} - \frac{1}{128}\right) + \cdots\right]$$

$$3 \times \left(\frac{1}{2} - \frac{1}{4} + \frac{1}{8} - \frac{1}{16} + \frac{1}{32} - \frac{1}{64} + \cdots\right) = 1$$

$$\frac{1}{2} - \frac{1}{4} + \frac{1}{8} - \frac{1}{16} + \frac{1}{32} - \frac{1}{64} + \cdots = \frac{1}{3}$$

6-13

$$1 \times 1 + 2 \times \frac{1}{2} + 3 \times \frac{1}{4}$$

$$+ 4 \times \frac{1}{8} + 5 \times \frac{1}{16} + \cdots = 4$$

$$1 \times 1 + 2 \times \frac{1}{2} + 3 \times \frac{1}{4} + 4 \times \frac{1}{8} + 5 \times \frac{1}{16} + \cdots = 4$$

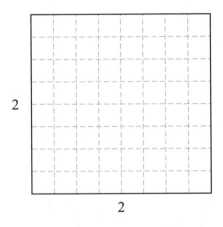

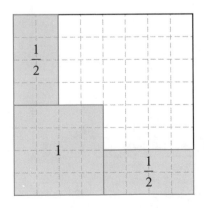

$$1 + 2(\frac{1}{2}) + 3(\frac{1}{4}) + 4(\frac{1}{8}) + 5(\frac{1}{16}) + \cdots = 4$$

6-14 積分和等於 1

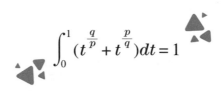

$$\int_0^1 (t^{\frac{q}{p}} + t^{\frac{p}{q}})dt = 1$$

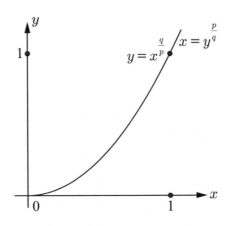

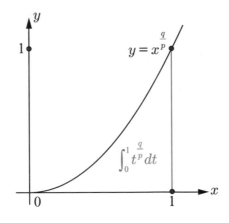

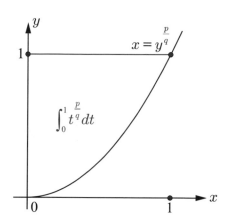

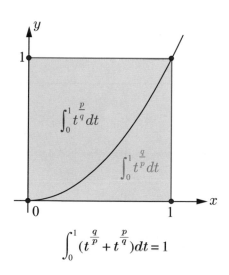

$$\int_0^1 (t^{\frac{q}{p}} + t^{\frac{p}{q}})dt = 1$$

6-15 分部積分法

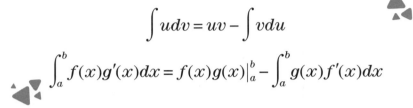

$$\int u dv = uv - \int v du$$

$$\int_a^b f(x)g'(x)dx = f(x)g(x)\Big|_a^b - \int_a^b g(x)f'(x)dx$$

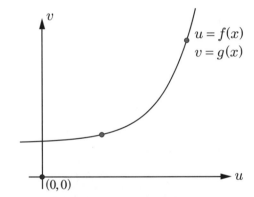

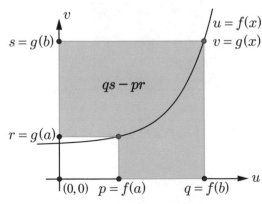

設 $p = f(a)$, $q = f(b)$，且 $r = g(a)$, $s = g(b)$

橘色部分面積為 $qs - pr$

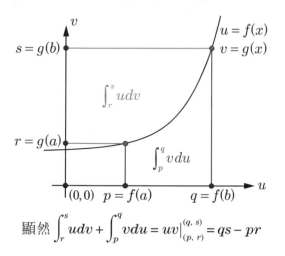

顯然 $\displaystyle\int_r^s u\,dv + \int_p^q v\,du = uv\Big|_{(p,\,r)}^{(q,\,s)} = qs - pr$

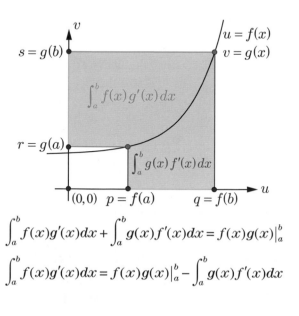

$$\int_a^b f(x)g'(x)dx + \int_a^b g(x)f'(x)dx = f(x)g(x)\Big|_a^b$$

$$\int_a^b f(x)g'(x)dx = f(x)g(x)\Big|_a^b - \int_a^b g(x)f'(x)dx$$

鸚鵡螺數學叢書介紹

數學拾貝

蔡聰明／著

數學的求知活動有兩個階段：發現與證明。並且是先有發現，然後才有證明。在本書中，作者強調發現的思考過程，這是作者心目中的「建構式的數學」，會涉及數學史、科學哲學、文化思想等背景，而這些題材使數學更有趣！

數學悠哉遊

許介彥／著

你知道離散數學學些什麼嗎？你有聽過鴿籠（鴿子與籠子）原理嗎？你曾經玩過河內塔遊戲嗎？本書透過生活上輕鬆簡單的主題帶領你認識離散數學的世界，讓你學會以基本的概念輕鬆地解決生活上的問題！

微積分的歷史步道

蔡聰明／著

微積分如何誕生？微積分是什麼？微積分研究兩類問題：求切線與求面積，而這兩弧分別發展出微分學與積分學。
微積分最迷人的特色是涉及無窮步驟，落實於無窮小的演算與極限操作，所以極具深度、難度與美。

從算術到代數之路 —讓 x 噴出，大放光明— 　　蔡聰明／著

最適合國中小學生提升數學能力的課外讀物！本書利用簡單有趣的題目講解代數學，打破學生對代數學的刻板印象，帶領國中小學生輕鬆征服國中代數學。

數學的發現趣談 　　蔡聰明／著

一個定理的誕生，基本上跟一粒種子在適當的土壤、陽光、氣候……之下，發芽長成一棵樹，再開花結果的情形沒有兩樣——而本書嘗試盡可能呈現這整個的生長過程。讀完後，請不要忘記欣賞和品味花果的美麗！

摺摺稱奇：初登大雅之堂的摺紙數學 　　洪萬生／主編

第一篇　用具體的摺紙實作說明摺紙也是數學知識活動。
第二篇　將摺紙活動聚焦在尺規作圖及國中基測考題。
第三篇　介紹多邊形尺規作圖及其命題與推理的相關性。
第四篇　對比摺紙直觀的精確嚴密數學之必要。

藉題發揮 得意忘形 　　葉東進／著

本書涵蓋了高中數學的各種領域，以「活用」的觀點切入、延伸，除了讓學生對所學有嶄新的體驗與啟發之外，也和老師們分享一些教學上的經驗，希冀可以傳達「教若藉題發揮，學則得意忘形」的精神，為臺灣數學教育注入一股活泉。

機運之謎 —數學家 Mark Kac 的自傳— Mark Kac 著／蔡聰明 譯

上帝也喜愛玩丟骰子的遊戲，用一隻看不見的手，對著「空無」拍擊出「隻手之聲」。因此，大自然的真正邏輯就在於機率的演算。而 Kac 的一生就如同機運般充滿著未知，本書藉由作者的自述，將帶領讀者進入機運的世界。

數學放大鏡 ——暢談高中數學 張海潮／著

本書精選許多貼近高中生的數學議題，詳細說明學習數學議題都應該經過探索、嘗試、推理、證明而總結為定理或公式，如此才能切實理解進而靈活運用。共分成代數篇、幾何篇、極限與微積分篇、實務篇四個部分，期望對高中數學進行本質探討和正確應用，重建正確的學習之路。

蘇菲的日記

Dora Musielak ／著
洪萬生 洪贊天 黃俊瑋 合譯
洪萬生 審訂

《蘇菲的日記》是一部由法國數學家蘇菲・熱爾曼所啟發的小說作品。內容是以日記的形式，描述在法國大革命期間，一個女孩自修數學的成長故事。

畢達哥拉斯的復仇 Arturo Sangalli 著／蔡聰明 譯

由偵探小說的方式呈現，將畢氏學派思想融入書中，信徒深信著教主畢達哥拉斯已經轉世，誰會是教主今世的化身呢？誰又能擁有教主的智慧結晶呢？一場「轉世之說」的詭譎戰火即將開始…

畢氏定理四千年

Eli Maor／著
林炎全、洪萬生、黃俊瑋、蘇俊鴻 合譯
洪萬生 審訂

作者毛爾（Eli Maor）在此書中重述畢氏定理的故事之許多面向，他指出畢達哥拉斯證得畢氏定理的千餘年前，巴比倫人就已經發現勾股間巧妙的數學關係。毛爾重現了畢氏定理在數學史上的關鍵要角，為數學遺產增添了許多繽紛色彩。

不可能的任務 ——公鑰密碼傳奇

沈淵源／著

近代密碼術可說是奠基於數學（特別是數論）、電腦科學及聰明智慧上的一門學科，而其程度既深且厚。本書乃依據加密函數的難易程度，對密碼系統作一簡單的分類；本此分類，再對各個系統作一深入淺出的導引工作。

古代天文學中的幾何方法

張海潮 著

本書一方面以淺顯的例子說明中學所學的平面幾何、三角幾何和坐標幾何如何在古代用以測天，兼論中國古代的方法；另一方面介紹牛頓如何以嚴謹的數學，從克卜勒的天文發現推論出萬有引力定律。適合高中選修課程和大學通識課程。

阿草的圓錐曲線

曹亮吉 著
蔡聰明 審訂
朱惠文 校訂

古代的圓錐截痕，需要以平面幾何為基礎，更需要有立體幾何的能耐，幾何味道滿點。加上坐標成了「圓錐曲線」，能更深入研究圓錐曲線與行星運動之間的連結。最後，再把重點放在射影性質，利用綜合幾何的方法，了解到橢圓、雙曲線和拋物線之間密切的關係。

按圖索驥——無字的證明

蔡宗佑 著
蔡聰明 審訂

以「多元化、具啟發性、具參考性、有記憶點」這幾個要素做發揮,建立在傳統的論證架構上,讓數學學習中加入多元的聯想力、富有創造性的思考力。

針對中學教材及科普知識中的主題,分為兩冊共六章。此書收錄基礎幾何、基礎代數、不等式三章!